**25.** Ob Hunde oder Katzen friedlich oder angespannt sind, spüre ich sofort.

**26.** Wenn meine Intuition und mein Verstand eine Situation völlig unterschiedlich bewerten, höre ich häufiger auf meine Intuition.

**27.** Wenn Pflanzen in Wohnung oder Garten Pflege oder Wasser benötigen, spüre ich das intuitiv.

**28.** Ich folge beim Stadtbummel gern meiner Intuition und habe so schon vieles Schöne entdeckt.

**29.** Ich habe schon mehrfach erlebt, dass ich eine Ahnung hatte, die sich später bewahrheitet hat.

**30.** Wenn ich auf Parkplatzsuche bin, weiß ich oft ganz intuitiv, wo ich leicht fündig werde.

Die Auswertung findest du im Buch ab Seite 13.

13. Ich weiß, wie ich welchen Menschen anspreche und was seine Bedürfnisse sind.

14. Ich spüre, ob ein Mensch mich mag oder nicht.

15. Im Umgang mit anderen Menschen hatte ich schon oft Unwohlsein, ohne direkt bedroht zu werden.

16. Ich bemerke schnell, wenn das Gesagte nicht mit der Mimik und der Körpersprache übereinstimmt.

17. Ich kann gut erkennen, in welcher Beziehung Menschen zueinander stehen, ob sie eher privat oder beruflich miteinander zu tun haben.

18. Meine Freunde fragen mich häufig um Rat, wenn es um eine Entscheidung geht.

19. Ich erkenne auch am Telefon, wenn das, was jemand sagt, nicht der Wahrheit entspricht.

20. Ich denke oft an einen Menschen, der dann auch bald danach anruft.

21. Ich bemerke schnell. wenn ich angestarrt oder beobachtet werde.

22. Ich habe schon berufliche Entscheidungen »aus dem Bauch heraus« getroffen, die sich später als richtig herausgestellt haben.

23. Wenn ich mir etwas sehr wünsche und intensiv daran denke, trifft es später oft ein.

24. Ich habe schnell einen guten Zugang zu Kindern.

ANNE HEINTZE

# KOPF AUS,
## BAUCH AN?

# INHALT

## ANNE HEINTZE

Jahrgang 1960, arbeitet seit 1988 erfolgreich als Coach und Lebenslehrerin mit
Menschen, die ihr Potenzial voll Freude
leben und endlich so werden möchten, wie
sie gemeint sind. Sie ist Gründerin der
OpenMind Akademie und begreift Hoch-
sensibilität ebenso wie Hochsensitivität,
ihre beiden Schwerpunktthemen, als
Ausdrucksformen von Hochbegabung. In ihrer vielfältigen Arbeit mit ihren
Klienten und Seminarteilnehmern lehrt sie Lebensfreude und Selbstak-
zeptanz. Die Autorin lebt und arbeitet in München.

*»Das Leben hat mich gelehrt,
meiner Intuition immer
mehr zu vertrauen. So wuchs
sie beständig und wurde stärker
und stärker.«*

# EIN WORT ZUVOR

*Intuition ist eine Lebenseinstellung*

Bei dem Wort Intuition schwingt etwas Geheimnisvolles mit. Es erzeugt eine Ahnung von Weisheit und Leichtigkeit. Ja, ein intuitiv gelebtes Leben verspricht leicht zu sein, frei von Selbstzweifeln und engen Begrenzungen. Und genauso ist es! Jeder Tag kann von der Intuition begleitet werden. Kleine Entscheidungen ebenso wie große Entschlüsse fallen leichter, wenn wir der inneren Stimme lauschen.

Ich lebe nach meiner Intuition. Das bedeutet nicht, dass ich den ganzen Tag planlos bin, nein, es bedeutet, dass ich dem Bauchgefühl viel Spielraum gebe. Wenn ich beispielsweise das Gefühl habe, ich sollte etwas lesen, lasse ich mich davon leiten, welches meiner Bücher mir jetzt weiterhelfen könnte. Ich blättere darin herum und entdecke meist irgendeinen Impuls, der genau zu dem Thema passt, das mich gerade beschäftigt. Und so ist es in vielen Bereichen. Je mehr ich gelernt habe,

meiner Intuition zu folgen, umso gesünder und erfolgreicher wurde mein Leben. Sie unterstützt mich auch dabei, genau zu spüren, wo andere gerade stehen und was sie benötigen. Sie ist meine wichtigste Verbündete in der Arbeit mit Klienten.

Manchmal staune ich, was das Leben an wundervollen Überraschungen für uns bereithält, wenn wir einfach nur dem folgen, was wir innerlich spüren und als wahr empfinden. Ich selbst bin sehr dankbar für meine Intuition, die ein gutes Gleichgewicht zu den Argumenten meines Verstandes schafft.

Deine Intuition hat dich nun dazu geführt, dieses Buch zu lesen. Ich bin ganz sicher, dass es eine Bedeutung für dich hat. So wünsche ich dir bei der Lektüre und dem Üben viele erhellende Einsichten und immer mehr Vertrauen in deine Intuition. Herzlichst, deine

# DEIN INNERES GENIE

*Einfach zu wissen, was man will, was für einen selbst richtig ist und wie man es erreichen kann – wäre das nicht toll? Mit einer geschulten Intuition ist es möglich.*

# DEIN GRÖSSTER SCHATZ

Intuition ist eine Fähigkeit, die alle Menschen von Geburt an besitzen und die mit vielen unterschiedlichen Begriffen umschrieben wird: »Bauchgefühl«, »Herzenssprache«, »Instinkt« sagen wir, und auch »ausgeprägte Empathie« ist damit verwandt. Intuition bedeutet, dass Körper und Geist ganz unmittelbar auf die feinsten Impulse der Umgebung und auf zarte innere Regungen reagieren. Gelebte Intuition kann zu Freude und innerer Erfüllung führen, aber genauso auch zu einem wertvollen Fluchtreflex, wenn eine existenzielle Bedrohung spürbar wird.

Leider befassen sich viele Menschen kaum mit diesem inneren Bauchgefühl. Dabei ist es in uns allen vorhanden. Kennst du das nicht auch: Du hast berufliche oder private Enttäuschungen erlebt, die sich bei genauerem Hinsehen hätten vermeiden lassen. »Eigentlich habe ich es vorher gewusst«, sagst du dann vielleicht. Oder: »Ich hatte gleich so ein komisches Gefühl dabei.« Das sind Hinweise darauf, dass in dir etwas Ungehörtes schlummert: deine Intuition. Wenn du sie (wieder)entdecken und schärfen willst, bist du hier genau richtig. Das Buch bietet dir jede Menge, auch praktische, Anregungen dafür.

## LEBEN IM FLUSS

Ich bin sehr dankbar dafür, dass ich eine ausgeprägte Intuition habe und ihr gern folge. Wenn ich irgendeinen scheinbar unmotivierten Einfall habe, wenn mir etwas in den Sinn kommt, das eine große Kraft besitzt, dann folge ich so einem Impuls. Ist dafür nicht der richtige Zeitpunkt, dann schreibe ich mir die Idee auf und komme später darauf zurück. Sehr schnell merke ich dann, ob es nur eine kurzlebige Sache war oder eine immer noch sehr wichtige Angelegenheit. Manchmal bremst mich meine Intuiti-

> *»Intuition ist Intelligenz mit überhöhter Geschwindigkeit.«*
>
> AUS ITALIEN

# INTUITION HÄLT UNS GESUND

Intuition kann auch als Grundlage der Gesundheit angesehen werden. Wenn du dich so ernährst, wie du klar spürst, dass es dir und deinem Körper guttut, wird es dir natürlicherweise auch besser gehen. Anders als wenn du einfach nur irgendwelchen Gewohnheiten oder Trends folgst. Ziemlich logisch, oder? Genauso beim Sport: Wenn du dich so bewegst, wie es dein Körper sich wünscht, wirst du ebenfalls ein gesünderes Leben haben, als wenn du auf deinen inneren Schweinehund hörst, der lieber in der Komfortzone auf dem Sofa liegen bleibt. Wichtig ist nur, die intuitive Stimme klar erkennen zu lernen. Genau das wird dir mit diesem Buch immer besser gelingen.

on auch. Ich schiebe dann etwas vor mir her oder beginne beispielsweise mit einem beruflichen Projekt nicht. Und ich verstehe einfach nicht, warum.

Aber ich weiß aus der Erfahrung, dass es in solchen Fällen keinen Sinn hat, mich zu zwingen. Am Ende stellt sich fast immer heraus: Meine Intuition war klüger als mein Verstand. Sie hat mich davon abgehalten, einen Fehler zu machen oder umsonst oder in die verkehrte Richtung zu arbeiten. Nach einer Zeit wird deutlich: Es gibt eine wesentlich bessere Lösung für das Projekt als die, die ich die ganze Zeit im Kopf gehabt hatte und umsetzen wollte. Oder es begegnen mir Menschen oder Impulse, die noch gefehlt hatten. Nun wird die Arbeit für mich nicht nur leichter, sondern es wird auch für viele andere Beteiligte ein wesentlich nützlicheres Ergebnis dabei herauskommen.

### Das Leben wird reicher

Durch das Vertrauen in meine Intuition habe ich schon sehr viele sehr wertvolle Erfahrungen gemacht. Ich durfte so auch schon vielen wunderbaren Menschen tiefer begegnen, weil ich mich intuitiv auf sie eingelassen habe.

Und ich habe schon mehrere große Entscheidungen auf der Basis meiner Intuition getroffen. Nicht alle davon waren im Rückblick gesehen glücklich und »richtig«. Aber die allermeisten auf jeden Fall. Und bei keiner einzigen bereue ich es, so entschieden zu haben.

Gerade bei sehr wichtigen beruflichen Dingen folge ich meiner Intuition. Innerlich weiß ich – wie jeder andere Mensch auch – nämlich sehr genau, welches Projekt wirklich gut für mich ist, mit welchen Menschen die Zusammenarbeit große Freude machen wird und ob das Ganze zu meinem großen Lebensplan passt.

Natürlich ist die Intuition als Stimme des Herzens auch entscheidend für eine gelingende Partnerschaft. Es gibt wunderbare wissenschaftliche Studien, die die Untrüglichkeit der Intuition bei Herzensentscheidungen nachgewiesen haben. Gerade in diesem Lebensfeld habe ich in jungen Jahren ein paarmal nicht auf meine Intuition gehört, obwohl bereits in der Frühphase der jeweiligen Beziehung völlig klar war, wie das Ganze ausgehen wird. Doch auch so lernte ich weiter.

## DAS WISSEN FÜR EIN ERFÜLLTES LEBEN

Erfreulicherweise entdecken heute viele Menschen ihre Intuition und die Möglichkeit zu einem bewussteren Sein und Leben wieder. Zu mir kommen sehr oft Leute ins Coaching, die sich bisher stark auf Rationalität und äußere Fakten verlassen haben und nun lernen möchten, vermehrt innere Wege zu beschreiten. Sie wollen nicht mehr den immer gleichen, vorgefertigten Alltagstrott und auch keine Standardlösungen mehr erleben. Ihre Intuition lockt sie dahin, achtsamer durch den Alltag und das Leben zu gehen und auf die Signale des Körpers und der Seele zu hören. Vielleicht gehörst du auch zu den Menschen, denen es so geht.

### Dein inneres Wesen leben

Ein erster Schritt zu einer wacheren und besseren Intuition ist tatsächlich die Steigerung der eigenen Achtsamkeit. Nicht ohne Grund beginnt Intuition mit der bewussten Wahrnehmung der Umwelt und dabei auch der Anregung der Fantasie und Vorstellungskraft. Mit diesem Buch kannst du eine

Schulung deiner Intuition durchleben und dir so das volle Potenzial dieser Fähigkeit erschließen.

Durch die Entscheidung, deiner Intuition mehr zu vertrauen, wirst du viele alte Einflüsse von Fremdsteuerung und auch so manche anerzogene Rituale ablegen. Schon nach wenigen Tagen Intuitionsschulung wirst du mehr Handlungsfreiheit und Sicherheit gewinnen. Du kannst bewusster Ja zu dem sagen, was dir in Freizeit, Beruf und für das soziale oder partnerschaftliche oder familiäre Zusammenleben wichtig ist. Du löst dich aus dem heraus, was dir vielleicht schon eine ganze Zeit lang wie ein innerer Käfig vorkommt. Du befreist dich, dein Handeln wird immer weniger vorhersehbar und einspurig, sondern aufregend und herrlich lebendig.

Du siehst schon: Durch eine starke Intuition bekommst du wesentlich mehr Möglichkeiten, dich selbst und deine Ideen zu verwirklichen. Sei es durch ein spontanes Gespräch mit jemand anderem oder auch durch das Lesen eines Buches, das dir intuitiv zugesagt hat, von dessen Inhalt oder Fachgebiet du aber bisher noch gar keine Vorstellung

## WAS DICH HIER ERWARTET

**Die Kapitel dieses Buches zeigen dir mit praktischen Anregungen, wie du:**
- deine Intuition einschätzen und schulen kannst,
- deine Sinneswahrnehmungen steigerst,
- mit der Kraft deiner Intuition gute Entscheidungen triffst,
- die Botschaften deiner Intuition für deine Gesundheit ebenso wie für Beruf und Familie einsetzt,
- immer feinere Zugänge zu deinem inneren Wissen findest,
- dank deiner Intuition dein kreatives Potenzial entfaltest,
- die Intuition zum Motor deines Erfolges werden lässt.

hattest. Neue, vielfältige Eindrücke runden deine Persönlichkeit ab und lassen dich viele bisher vergrabene Facetten deines Selbst entdecken.

Wie andere Bereiche der persönlichen und sozialen Kompetenz kann auch die Intuition verbessert und veredelt werden. Genau das kannst du mit diesem Buch erreichen: die Sprache deiner inneren Stimme zu erkennen, ihr immer mehr zu vertrauen und nach und nach eine Meisterin der Intuition zu werden.

### EINFACHE UND EFFEKTIVE INTUITIONSSCHULUNG

Was du dazu brauchst: den freudigen Willen, dich auf diese Entdeckungsreise zu deinen inneren intuitiven Quellen einzulassen. Du kannst dir mithilfe des Buches ein persönliches Übungskon-zept zusammenstellen, dem du dann folgst. Gib nicht auf, wenn deine Intuitionsquellen nicht unmittelbar kraftvoll sprudeln. Wie bei allen Fähigkeiten ist es auch hier erforderlich, dass du ein wenig dranbleibst. Und keine Sorge: Du brauchst und sollst deinen Verstand nicht gänzlich zur Seite schieben. Vielmehr lade ich dich ein zu lernen, deine Gedankenwelt und deine Intuition konstruktiv zusammenarbeiten zu lassen.

## BLEIB DRAN!

Die Übungen dieses Buches sind ein Leitfaden für dich. Es ist nicht wichtig, täglich lange zu üben. Aber es ist günstig, möglichst täglich zu üben. Du wirst in den folgenden Kapiteln viele einfache Angebote entdecken, die wenig Zeit erfordern und sich superleicht in den Tagesablauf integrieren lassen. Gönn dir diese wenigen Minuten. Sei es dir wert. Schon mit 15 Minuten täglich wirst du in wenigen Wochen wunderbare Ergebnisse erzielen. Deine innere Stimme wird sich mehr und mehr bemerkbar machen und es wird dir immer leichter fallen, auf sie zu hören und dein Leben von ihr verwandeln zu lassen.

# WIE STEHT ES UM DEIN BAUCHGEFÜHL?

Vorn im Buch gibt es einen einfachen Fragebogen, der dir zeigt, wie stark deine Intuition ausgeprägt ist und inwieweit du auf sie achtest. Wenn du ihn bereits ausgefüllt hast, bist du nun sicher gespannt auf die Auswertung – auch wenn sich dir die grundlegende Tendenz sicherlich schon erschlossen hat. Intuitiv natürlich.

## TESTAUSWERTUNG

Zähl die Punkte zusammen, die du im Test vorn für die einzelnen Aussagen vergeben hast, und lies im Folgenden nach, was das für dich bedeutet.

### Weniger als 30 Punkte

Du bist dir deiner intuitiven Fähigkeiten noch wenig bewusst oder hast ihren Wert für dich noch nicht erkannt. Möglicherweise ist das so auch völlig in Ordnung für dich und es ist jetzt nicht der richtige Zeitpunkt, sich näher mit der Intuition zu befassen.

Allerdings hast du ja zu diesem Buch gegriffen. Vielleicht zieht es dich in dieser Phase deines Lebens dahin zu lernen, mehr auf dein Gefühl zu achten. Es kann dir viele nützliche Hinweise geben. Mach dir immer wieder bewusst, was du gerade wahrnimmst. Hilf der Stimme deiner Intuition auf die Sprünge, indem du dir tagtäglich Zeit nimmst, ihr zu lauschen. Schalt in dieser Zeit ab und geh spazieren, hör Musik oder schreib deine Gedanken auf. Sprich mit Freunden über ihre intuitiven Wahrnehmungen und frag sie dabei nach Erlebnissen, bei denen sie sich von ihrer Intuition geleitet fühlten. So näherst du dich dem Thema Schritt für Schritt an. Mithilfe der Anregungen in diesem Buch kannst du viele Entdeckungen machen, die es dir erleichtern, dich mit deiner Intuition anzufreunden.

»Mit Logik kann man
Beweise führen, aber keine
neuen Erkenntnisse gewinnen,
dazu gehört Intuition.«

HENRI POINCARÉ

## Zwischen 31 und 60 Punkten

Das Ergebnis zeigt, dass deine Intuition schon recht lebendig ist, wenn auch noch nicht richtig gut ausgeprägt. Hörst du oft auf dein Bauchgefühl? Oder lässt du dich häufiger allein von deinem Verstand lenken? Wusstest du in vielen Situationen bereits vorher, wie es ausgehen würde, hast aber letztlich doch mehr nach deinem Denken statt nach deinem Fühlen gehandelt?

Du kannst dein Vertrauen in deine Intuition stärken, indem du dir die vielen Begebenheiten vor Augen hältst, in denen dein Bauchgefühl doch recht hatte. Unterdrück deine Intuition nicht, blick immer mehr hinter das Offensichtliche, stell Fragen und versuch herauszufinden, was andere wirklich denken. Trainiere deine Intuition! Dieses Buch unterstützt dich dabei, deine Fähigkeiten zu vervollkommnen.

*»Überall geht ein frühes Ahnen dem späteren Wissen voraus.«*

ALEXANDER VON HUMBOLDT

## Zwischen 61 und 90 Punkten

Deine Intuition ist gut entwickelt, du nutzt sie nur noch nicht so, wie es möglich wäre. Aber du kannst im Alltag in kleinen Schritten üben, noch mehr auf deine innere Stimme zu hören und ihr zu vertrauen. Das geht selbst beim Einkaufen im Supermarkt. Lass bei allen möglichen kleinen und großen Entscheidungen bewusst auch deine Intuition zu Wort kommen. Mach dir eine plötzliche Eingebung bewusst und probier öfter aus, deinen Impulsen zu folgen, auch wenn dein Verstand Gegenargumente liefert. In diesem Buch findest du zahlreiche Denkanstöße und Übungen, wie du deine Intuition lieben und ausgiebig nutzen lernen kannst.

## Über 90 Punkte

Du gehst mit sehr feinen Antennen durchs Leben. Deine gute Intuition für die Gefühle und Absichten anderer Menschen und für deine eigenen Belange hat dir schon in so mancher Situation weitergeholfen. Deine Intuition lässt dich hinter die Fassade schauen und Menschen in all ihren Facetten wahrnehmen und annehmen. Mit dieser ausgeprägten Sensibilität hast du ein großes Potenzial, deine persönlichen Ziele zu erreichen und wertvolle Spuren auch im Leben anderer zu hinterlassen. Du wirst immer stärker entdecken, dass Menschen wie du, die ihre Intuition leben, die Gesellschaft bereichern.

Wenn du noch weitergehen willst: Führe ein Intuitionstagebuch, in das du all deine intuitiven Erlebnisse notierst, egal, wie gering sie dir erscheinen mögen. Beschreib möglichst genau, welche Gefühle du dabei hattest und warum du wie gehandelt hast. So schaffst du noch mehr Bewusstsein für deine intuitiven Fähigkeiten. Vertrau auch weiterhin intensiv auf deine innere Stimme, denn sie ist für dich ein guter Berater. Vergiss nur nicht, deinen Verstand ebenfalls zu Wort kommen zu lassen.

## WILLST DU DEINE INTUITION VERBESSERN?

Erkunde einmal, welches Verhältnis du zur Intuition hast. Stell dir dazu ein paar einfache Fragen: Vor welcher Art Intuition hast du vielleicht Angst? Was könnte dir geschehen, wenn du dich auf deine tieferen, eventuell sogar übersinnlichen Wahrnehmungen einlässt? Welchen Preis zahlst du auf der anderen Seite für deine Angst? Vor welchen Gefühlen fürchtest du dich, wenn du dir vorstellst, du würdest ständig Zugang zur Intuition haben?

Anhand deiner Antworten kannst du erkennen, warum du vielleicht bisher noch nicht so stark auf deine Intuition vertraut hast. Wenn du dir die hinderlichen Einflüsse genau anschaust, kannst du sie auch verändern. Du hast es selbst in der Hand, wie fein dosiert du die Zugänge zu deinen Intuitionskanälen öffnen möchtest. Beginn ruhig langsam und vorsichtig damit. Geh liebevoll mit dir um bei der Schulung deiner feineren Wahrnehmungssinne und gönn dir auf jeden Fall, in deinem eigenen Tempo vorzugehen.

# DIE INTUITION SCHULEN

Was ich dir sicher nicht erst erklären muss: Unsere moderne Welt ist geprägt vom Verstand und von rationalen Entscheidungen. Dem Gefühl und der Intuition stehen viele Menschen eher misstrauisch gegenüber. Dabei ist es wirklich nützlich, wenn wir mehr auf unsere Intuition hören. Jeder Mensch besitzt die Fähigkeit zu intuitivem Handeln – nur nutzt sie der eine bereits und ist sich seiner Intuition bewusst, während der andere sie ignoriert.

ÜBUNG

## DEINE AUSGANGSSITUATION

•

Wir stehen ganz am Anfang unseres gemeinsamen Weges zur Schulung deiner intuitiven Fähigkeiten. Mach daher am besten jetzt gleich eine Bestandsaufnahme bezüglich deiner Intuition: Schreib dazu deine Gedanken und die Antworten auf die folgenden Fragen auf, damit du später erkennen kannst, was sich durch die Schulung der Intuition für dich geändert hat.

▸ Wie hast du deine Intuition bisher wahrgenommen?

▸ Welche Erfahrungen hast du mit deiner Intuition bereits gemacht?

▸ Was hat dein Bauchgefühl Hilfreiches bewirkt in deinem Leben? Wo hat es dich bereits beschenkt?

▸ Gab es auch unangenehme Erfahrungen? Hast du vielleicht Vorurteile bezüglich intuitiver Wahrnehmungen?

▸ Ahnst du, dass du dieses feine Werkzeug noch besser kennenlernen und einsetzen kannst?

▸ Wie sehr wünschst du es dir, diese Fähigkeit zu vervollkommnen? Und was ist deine Motivation dafür? Was versprichst du dir von einer wachen und veredelten Intuition?

## DAS TAGEBUCH DEINER INTUITION

Es gibt kaum eine bessere Methode, um sich selbst zu beobachten und Veränderungen zu bemerken, als Tagebuch zu führen. Ein spezielles Intuitionstagebuch ermöglicht es dir, persönliche Erlebnisse, Gedanken und Gefühle zu reflektieren, und es verhindert das Vergessen. Es trägt zu einem immer stärker bewussten Umgang mit deinem Bauchgefühl bei.

Wenn du Erlebtes festhältst, lernst du dich nach und nach immer besser kennen. Das Tagebuchschreiben lässt dich bewusster und intensiver leben. Um eine gesunde Schreibgewohnheit zu entwickeln, ist es wichtig, dass du täglich schreibst. Nicht lang, sonst verlierst du schnell die Lust. Beginn mit einer Minute morgens und abends: ein paar Zeilen über das, was du gerade intuitiv wahrnimmst, wie dein inneres Befinden ist oder wie der Tag verlaufen ist. Wenige Minuten täglich sind genug, um das Schreiben zu einer lieben Gewohnheit werden zu lassen. Du wirst es bald richtig gern tun!

Das Potenzial, das intuitives Handeln beinhaltet, kannst du aufleben lassen oder verfeinern, und zwar durch gezieltes Training. Genau das bietet dir dieses Buch mit folgenden Kapiteln: Zunächst geht es darum, dass wir genauer betrachten, was Intuition letztlich tatsächlich ausmacht. Auch dabei biete ich dir bereits einige praktische Übungen an, mit denen du dir ihrer stärker bewusst werden kannst.

Danach folgt die eigentliche Schulung deiner intuitiven Fähigkeiten, der Stimme deines Herzens und des Bauchgefühls. Wieder gibt es viele praktische Anregungen. Ein weiteres Kapitel macht dir danach Möglichkeiten bewusst, deine Intuition im Alltag anzuwenden – in Beruf, Beziehung, Erziehung und sogar im Übersinnlichen. Die tägliche Praxis lässt dich allmählich Meisterschaft erlangen. Bist du bereit?

# KOPF, HERZ, BAUCH?
# ALLES »GEHIRN«

*Was genau macht Intuition aus? Du erlebst sie tagtäglich, aber du kannst sie umso besser nutzen, wenn du mehr über sie weißt. Und wenn du ihre erstaunliche Macht mit ein paar Übungen gleich ausprobierst.*

# DEINE INTUITIVEN FÄHIGKEITEN

Intuition ist eine weitgehend unbewusste Form der Informations- und Entscheidungsfindung, die nicht vollständig erklärt werden kann. Hilfreich im Leben ist eine möglichst große Einigkeit zwischen rationalem und intuitivem Wissen. Während auf der Kopfseite die Ratio, also die Vernunft, regiert, werden Bauchgefühl oder Herzensstimme von Gefühlen und Unbewusstem geleitet. Die gemeinsame Schnittmenge aus rationalem Wissen und Gefühlswahrnehmungen kannst du vergrößern, indem du dir diese Zusammenhänge klar bewusst machst und insbesondere die intuitive, also heute meist vernachlässigte Seite trainierst. Je mehr Raum sich beide teilen, umso ausgereifter ist das Zusammenspiel zwischen Kopf und Bauch. Und umso leichter fallen dir Entscheidungen, die sich als tragfähig erweisen.

ÜBUNG

## EINTAUCHEN IN DEN INTUITIVEN ZUSTAND

•

Als Grundlage der Schulung deiner Intuition empfehle ich dir eine Basisübung, die du für alles Weitere nutzen kannst: das Eintauchen in dich selbst, in deine Mitte. Such dir einen Ort, an dem du ungestört bist. Setz dich hin, schließ die Augen und atme ein paarmal tief ein und aus. Spür dabei, wie sich deine Bauchdecke hebt und senkt. Jetzt geht es zunächst nur ums Eintauchen in dich selbst. Finde heraus, wie sich das anfühlt. Lern dich selbst tief innen kennen. Wandere mit einem Tiefenbewusstsein in dir herum und entspann dich immer mehr in dich selbst hinein. Nutz diesen entspannten Zustand, so oft es dir möglich ist, auch im Alltag.

# SEI EIN BEOBACHTER

Zur Verfeinerung der Intuition ist es wesentlich, beobachten zu können: einfach wahrzunehmen, ohne zu bewerten, ohne zu durchdenken oder zu be- oder gar verurteilen.

▸ Tauch in deinen intuitiven Zustand ein, wie in der Übung links beschrieben. Atme ein paarmal tief ein und aus und geh immer tiefer in die Entspannung und in dein inneres kreatives Wissen hinein.

▸ Beobachte nur die Gedanken, die da sind. Einfach nur beobachten wie Wolken am Himmel.

▸ Als Nächstes beobachtest du die Empfindungen in deinem Körper. Wo fühlt er sich auf eine bestimmte Weise an und wie unterscheiden sich einzelne Körperregionen voneinander?

▸ Zwischendurch atmest du einfach weiter ruhig und tief ein und aus.

▸ Jetzt versenkst du dich in deine Gefühle. Welche Emotion ist jetzt im Moment gerade spürbar? Sei wieder nur ein stiller Beobachter deines eigenen inneren Erlebens.

Schreib am Ende auf, welche Gedanken, Empfindungen und Gefühle du wahrgenommen hast. Beschreib dabei auch die Qualität dieser Wahrnehmungen: Was war angenehm für dich, was eher unangenehm?

Der Verstand unterscheidet sich von der Intuition dadurch, dass im Kopf Daten, Informationen und Wissen gespeichert werden, die zu einem bewussten Handeln führen. Impulsgeber für intuitives Handeln ist hingegen das Bauchgefühl, aus dem ein von Gefühlen getragenes Verhalten folgen kann. Ins Bauchgefühl fließen auch unbewusst aufgenommene Informationen ein.

# WANN IST INTUITIVES HANDELN GEFRAGT?

In vielen Situationen haben intuitive Entscheidungen gegenüber rationalen Abwägungen große Vorteile. Hier ein paar Beispiele, die du sicher auch aus deinem Leben kennst:

Wir leiden heute zunehmend unter einer Reizüberflutung, einfach aufgrund der Vielzahl von Medien und Informationsquellen, von denen wir umgeben sind. Rein vom Verstand her zu entscheiden ist da kaum noch möglich und oft überfordernd. Genau hier punktet die Intuition, die zahllose, komplexe und rational schwer fassbare Informationen wesentlich besser verarbeiten kann als unser denkender Kopf.

Insbesondere in hochkomplexen Situationen ist es wichtig, handlungsfähig zu bleiben. Mithilfe der Intuition lassen sich Muster hinter facettenreichen Problemen erkennen und wir können intuitiv Lösungen finden.

Aber auch bei einem Mangel an Information, weil du zu wenig Zeit für die Vorbereitung hast oder kaum nützliches Wissen zugänglich ist, ist eine gute Intuition unbezahlbar. Mit ihr greifst du nämlich auf den riesigen unbewussten Wissensspeicher zurück.

Dann sind da noch die Augenblicksentscheidungen, in denen es neben einer guten Vorbereitung und Prüfung der Fakten auf den richtigen Moment des Handelns ankommt. Die Gunst der Stunde. Sie kann deine Intuition am besten erfassen.

Wenn es schnell gehen muss, so schnell, dass dein Denken mit dem Auswerten der dir zugänglichen Fakten gar nicht nachkommen würde, sind ebenfalls Bauchgefühl und Herzensstimme die einzig verlässlichen Partner.

Die intuitive Fähigkeit ist außerdem ein guter Impulsgeber für kreative Ideen. Je besser die Intuition ausgeprägt ist, umso leichter wird es, konventionelle Wege zu verlassen und auch mal außergewöhnliche Lösungen zu entwickeln.

Nicht zuletzt fördert eine gute Intuition die Kommunikation, die ja zu einem großen Teil nonverbal, also ohne bewusst gesetzte Worte, abläuft.

*DIE GRENZEN DER INTUITION*

Intuitives Handeln erfährt natürlich auch seine Grenzen. So sind es insbesondere persönliche Erfahrungswerte und damit verbundene Empfindungen, die zu Fallstricken werden können. So kann es zum Beispiel sein, dass du gegenüber einer neuen Kollegin reserviert auftrittst, obwohl du nicht weißt, warum. Erst nach längerem Nachdenken wird dir bewusst, dass sie dich an jemanden aus der Vergangenheit erinnert, mit dem du negative Erfahrungen gemacht hast. Auch Gewohnheiten und Vorurteile können im Zusammenhang mit intuitivem Handeln schwierig werden. Dies machen sich beispielsweise Hochstapler zunutze, die über ein ganz bestimmtes äußeres Erscheinungsbild einen seriösen und glaubwürdigen Eindruck machen. Wir nehmen sie intuitiv als integer wahr – und können dabei auf die Nase fallen. Eine wache und gut geschulte Intuition lässt uns aber auch hier immer differenzierter – und erfolgreicher – hinspüren.

## BEFREI DICH AUS ALTEN MUSTERN

Ob Schule, Firma oder Werbung – unsere Intuition wird von vielen Seiten regelrecht vergraben, damit wir möglichst berechenbar funktionieren. Es liegt jedoch an uns, unsere innere Stimme wieder zu befreien. Das geht auch im Alltag. Wenn du das nächste Mal im Supermarkt bist, dann beobachte einmal die Menschen. Während sich Kinder spontan neue Produkte anschauen, kaufen viele Erwachsene mechanisch das Bekannte ein.

Und wie machst du es selbst? Überleg dir einmal, wann du das letzte Mal spontan und intuitiv reagiert hast. Grab also die verschüttete Spontaneität, die eng mit der Intuition verbunden ist, wieder aus und leb mit mehr Überraschungen. Steig aus aus dem immer gleichen, planbaren Alltagsablauf.

# DIE STÄRKEN
## INTUITIVER MENSCHEN

Intuitiv zu sein schenkt uns enorm wertvolle Qualitäten. Die Fähigkeit, zwischen den Zeilen zu lesen, und ein starkes Einfühlungsvermögen ermöglichen ein tieferes Erleben und Wahrnehmen. Es lohnt also, diese Gabe auszubauen und zum vollen Erblühen zu bringen.

VERTRAUEN INS LEBEN

EMPFÄNGLICHKEIT FÜR MYSTIK UND SYMBOLIK

HERZLICH

GUTE DETAILWAHRNEHMUNG

KREATIVES UND HANDE

i o n

EMPFINDEN TIEFER FREUDE

HUMOR UND ZUVERSICHT

BREITER ZUGANG ZUR SPIRITUALITÄT

STARKE KOMMUNIKATIONSFÄHIGKEIT

ERKENNEN KOMPLEXER ZUSAMMENHÄNGE

AUSGEPRÄGTE FANTASIE

ZUGANG UND SINN FÜR NATUR UND KUNST

DENKEN UND SPRECHEN IN BILDERN

# INTELLIGENZ AUS UNBEWUSSTEN TIEFEN

Wahrscheinlich kennst du das Gefühl, zwischen zwei Entscheidungsmöglichkeiten hin- und hergerissen zu sein. Der Verstand sagt dir, dass du etwas tun sollst, aber der Bauch spricht dagegen. Wenn wir von dem »Bauchgefühl« reden, meinen wir damit meist unsere Intuition, diese Art Wissensinstanz, die mehr Eindrücke in uns sammelt und verarbeitet, als wir rational erfassen könnten. Wie sehr wir von unserer Intuition Gebrauch machen, hängt oftmals davon ab, wie sehr diese Form der Entscheidungsfindung von den gesellschaftlichen Normen, in die wir eingebettet sind, akzeptiert wird. Reisen wir weiter zurück in die menschliche Geschichte, war die Intuition allerdings als Wissensquelle ganz normal.

## *URALTE WEISHEIT, IN SPÄTERER ZEIT MISSACHTET*

Noch vor Beginn der Christianisierung in Europa und vor der Verbreitung gesellschaftlicher Strukturen, die eine starke männliche sowie rationale Dominanz mit sich brachten, hatten die Verbindung zur Natur und das Vertrauen in die eigenen Empfindungen eine sehr große Bedeutung. Es war einfach ganz selbstverständlich, seinen Eingebungen zu vertrauen.

Es war die Zeit, bevor man sich für wissenschaftliche Erkenntnisse allein auf harte Fakten stützte. Medizin beispielsweise wurde damals aus Heilpflanzen gewonnen und die Auswahl dieser Kräuter oder Wurzeln für bestimmte Beschwerden wurde zum größten Teil anhand der eigenen Intuition getroffen. Dann allerdings trat das Christentum seinen Siegeszug an und versuchte, alle früheren Glaubens- und Lebensmodelle zu verbannen.

## Hochphase des Denkens

Spätestens durch den Leitspruch des Philosophen René Descartes »Ich denke, also bin ich« wurde im 17. Jahrhundert im Zuge der Aufklärung eine Identität geprägt, die sich vorrangig auf das Denken stützte. Sie trennte damit Denken und Fühlen, Geist und Körper. Seitdem werden spontane Eingebungen

# DER ALLTÄGLICHE TSUNAMI

Tagtäglich werden wir mit Millionen von Eindrücken konfrontiert, die von uns aufgenommen und verarbeitet werden müssen. Sie setzen in uns Prozesse in Gang, die uns zum allergrößten Teil nicht bewusst zugänglich sind. Das ist auch gut und gesund so, denn unser Gehirn wäre völlig überfordert, wenn wir alles bewusst bemerken und verarbeiten müssten. Dennoch gehen all diese Eindrücke nicht verloren. Sie speichern sich in uns ein und »leben« fortan in uns. Das kann belastend sein, aber es birgt auch eine große Chance. Denn genau aus dieser Quelle speist sich ja unsere Intuition, die aus diesem riesigen Pool an Einflüssen schöpft. Extrem wertvoll für uns!

und gefühlte Wahrheiten überwiegend als Humbug abgetan. Und natürlich begannen die Menschen, ihrer eigenen Intuition zu misstrauen.

Vergleicht man unsere heutige, stark rational geprägte Denkweise mit früheren Traditionen oder anderen Kulturen in abgelegenen Gebieten, in denen Rationalismus und Logik nie so übermächtig geworden sind, wird klar, dass unsere Art zu denken nicht universell ist. Es gibt andere Weisen des Seins – und das wird heute immer mehr Menschen deutlich. Zugleich geraten wir dabei aber oftmals in einen schwierigen inneren Konflikt: Welcher Seite – der rationalen oder der intuitiven – wollen wir nun Glauben schenken?

## HIN- UND HERGERISSEN

Wir alle kennen Situationen, wo wir zwiegespalten sind. Wir denken über eine Entscheidung nach und sind uns sicher, dass alle Gründe, rational von allen Standpunkten aus beleuchtet, für eine bestimmte Wahl sprechen. Doch irgendwie schwingt ein Gefühl mit, das uns sagt, dass wir es lieber anders machen sollten. Wir wissen nicht so recht, was nun zu tun ist. Aber wie wir uns auch entscheiden, am Ende stellt sich in der Vielzahl der Fälle heraus, dass unser Bauchgefühl richtig war.

Studien aus der Bewusstseinsforschung brachten bezüglich solcher Phänomene in den letzten Jahren Licht ins Dunkel. Wir gehen aufgrund unserer gesellschaftlichen Prägung oft davon aus, dass das Rationale einen höheren Stellenwert hat als alles andere. Gefühle sind für uns einfach schwerer zu greifen als Gedanken oder Messbares. Damit aber schließen wir einen Großteil dessen aus, was wir wissen könnten.

Intuition ist eine Form von ganzheitlicher Wissenserfassung, wobei wir ohne bewusstes Nachdenken rasch zu neuen Erkenntnissen gelangen. Das sind dann die berühmten »Geistesblitze«, plötzliche gute Einfälle, ein untrügliches Bauchgefühl oder eine Art Eingebung.

*Eingebungen sind intuitive Phänomene, die stärker in den Alltag integriert werden können. Umso häufiger tauchen sie fortan auf.*

## DIE TIEF VERBORGENE INTELLIGENZ

Seit Sigmund Freud unterteilen wir das Bewusstsein in zwei Bereiche: Unbewusstes und Bewusstes. Zwischen diesen Systemen befindet sich eine Schranke, die beide voneinander trennt. Hier kommt die Verdrängung ins Spiel, denn diese Bewusstseinsschranke kann nur durch sie aufrechterhalten werden. Freud ging davon aus, dass es sich beim Unbewussten um zuvor bewusstes Wissen handelt, beispielsweise Erlebnisse aus der Kindheit, die später ins Unbewusste verdrängt wurden.

C. G. Jung allerdings bezweifelte, dass sich das Unbewusste auf die verdrängten persönlichen Erfahrungen beschränkt. Er gelangte zu der Auffassung, dass wir alle ein kollektives Menschheitswissen in uns tragen, das einen weit größeren Bestandteil des Unbewussten ausmacht als persönlich und individuell erlebte Erfahrungen.

Ich finde die Idee dieses kollektiven Unbewussten enorm spannend: Denn dieser Pool entspricht ja dem gesamten menschlichen Wissen, allen Erfahrungen, Erlebnissen, Gefühlen und Gedanken von allen bisherigen Menschen. Es ist fast so etwas wie eine Gesamtseele. Mit diesem Hintergrundwissen können wir uns verständlich machen, wie der Prozess der Intuition funktionieren könnte: Brauchen wir für ein Problem eine Lösung, macht sich unser gesamtes System auf die Suche. Ist auf der Gedankenebene so schnell nichts parat, was weiterhelfen könnte, taucht es in die Tiefe und ins Unbewusste – ins persönliche oder kollektive. Wird es dort fündig, erhalten wir eine Eingebung. Voilà, die Intuition wurde aktiv.

**Das Geheimnis der Resonanz**

Resonanzphänomene sind eine weitere Erklärungsweise. Alltäglich werden unbewusst unzählige Informationen zwischen Menschen ausgetauscht, die dann die Stimmung oder das weitere Handeln beeinflussen.

Das kann so weit gehen, dass man Gefühle oder Absichten von jemand anderem übernimmt, ohne es selbst zu bemerken. Wissen wir um diese Möglichkeit der intuitiven Kommunikation, können wir uns auch dieses Einflusses stärker bewusst werden.

## SPIEGELNEURONEN

Warum wir uns so intensiv auf andere »einschwingen« können, liegt wissenschaftlich betrachtet an den sogenannten Spiegelneuronen in unserem Gehirn. Diese Nervenzellen werden aktiv, wenn wir Handlungen und Emotionen anderer beobachten. Wie in einem Spiegel erleben wir in einer Begegnung dadurch das, was unser Gegenüber gerade erfährt, ebenfalls. Seine Freude, sein Leid, seine Absichten. Auch darüber können wir natürlich intuitive Einsichten erlangen – über den anderen, über uns selbst, über unsere Beziehung oder eine bestimmte Fragestellung. Nicht umsonst scheinen diese Spiegelneuronen Untersuchungen zufolge bei intuitiven Menschen funktionsfähiger und aktiver zu sein als bei anderen. Aber sie lassen sich auch trainieren.

*WIE KLEIN DER VERSTAND IST!*

Wir verdanken unserem Verstand zweifellos sehr viel. Dennoch hat er seine Schwächen. Sein größter Nachteil ist seine beschränkte Kapazität. Er kann immer nur mit einer relativ geringen Menge an Informationen gut klarkommen. Oder kannst du fünf Gedanken auf einmal denken?

Seit Beginn des Computerzeitalters wird die Informationskapazität in sogenannten Bits gemessen. Diese Bits sind die Maßeinheit für Datenmengen innerhalb eines Systems wie einem Computer oder einem Gehirn. Wir brauchen uns da überhaupt nicht zu verstecken:

Unser Gehirn ist fast genauso leistungsfähig wie ein PC. Es schafft eine Verarbeitungsgeschwindigkeit von atemberaubenden 10 hoch 13 Bits pro Sekunde. Beim schnellsten Computer sind es mehr als 10 hoch 14.

## Wir verpassen das meiste

Allerdings beschreibt diese Gehirnkapazität das, was wir zum allergrößten Teil gar nicht mitbekommen. Denn wir sind nicht in der Lage, durch das bewusste Denken mehr als 120 Bits pro Sekunde wahrzunehmen. Das ist im Vergleich zum Computer natürlich geradezu lächerlich wenig.

## ERFAHRUNGSSCHATZ UNBEWUSSTES

Seit Langem ist bekannt, dass unser Bewusstsein nur einen winzigen Tropfen im Meer des geistigen Geschehens ausmacht. Die auf uns einströmenden Reize des Alltags – selbst wenn wir einfach nur auf einer Wiese liegen und in den Himmel schauen – sind mit elf Millionen Sinneseindrücken pro Minute zu überwältigend, um ganz erfasst zu werden. Nur einen Bruchteil davon kann das Bewusstsein aufnehmen. Der ganze große Rest prallt dennoch nicht an uns ab, sondern wird unterschwellig aufgenommen und als Erfahrungsschatz im Unterbewussten gehortet. Und darauf greift dann die Intuition zu.

Sicher kann man das Gehirn nicht mit einem Computer vergleichen, denn kein Computer ist in der Lage, auf kreative Art und Weise Neues zu erfinden, Gefühle zu entwickeln oder gar Stimmungen anderer Menschen zu erfassen und darauf zu reagieren.

Und das Gehirn kann noch etwas, was kein Computer schafft: Es verändert praktisch ständig seine Hardware durch den Umbau und Neuaufbau von Zellen, während ein Computer immer genauso bleibt, wie er gebaut wurde. Unser menschliches Gehirn knüpft außerdem permanent neue Verbindungen zwischen neuen und alten Nervenzellen, es ist immer im Wandel und passt sich den Anforderungen der Umgebung an. Lernen wir etwas Neues – beispielsweise den bewussteren Umgang mit unserer Intuition – baut sich das Gehirn entsprechend um. Das Neue fällt uns dann immer leichter.

Was dir bis hierhin sicher deutlich geworden ist: In unserem Unbewussten schlummert eine unfassbar große Kapazität. Durch eine aktive Schulung der Intuition können wir lernen, Zugang zu diesem Wissensschatz zu erlangen.

## NICHTS GEHT VERLOREN

*Peter, 53, ist ein völlig chaotischer Architekt. Höchst kreativ, höchst innovativ, höchst ungeordnet. Er kam zu mir, weil er versuchen wollte, mehr Struktur in sein Leben zu bringen. Es regte ihn enorm auf, dass er immer wieder Dinge verlegte, Unterlagen nicht wiederfand oder ständig den Schlüsseldienst bemühen musste. Da Peter als Architekt ein visuell sehr empfänglicher Mensch ist, brachte ich ihn darauf, das Visualisieren einzusetzen. Wenn er etwas verlegt hatte, sollte er sich vor seinem inneren Auge genau vorstellen, wo es sein könnte. Auf diese Weise konnte er es tatsächlich sehr schnell orten. Augen zu, Einstimmen auf das Gesuchte – und da zeigte es sich.*

*Peter war auch im Visualisieren sehr kreativ. Er konnte es bald sogar bei der Parkplatzsuche nutzen.*

# DIE SPRACHE DES HERZENS

Die Intuition wird oftmals dem Herzen zugeordnet. Es ist unser zentrales Organ und besitzt als unsere wesentliche Lebensquelle eine große Bedeutung in den Vorstellungen vieler Kulturen weltweit. Und das ist nicht nur biologisch gemeint. Es gilt als Ort, an dem sich sämtliche Facetten unseres Seins vereinen: Männliche und weibliche Energien sowie Himmel und Erde verschmelzen miteinander. Unser Herz birgt in diesen Vorstellungen unser wahres Wesen, unsere wahre Natur. Hier treffen sich Psyche, Körper und Seele.

Du begegnest in deinem Herzen einer anderen Form von Wissen als im Kopf. Hier treffen sich sozusagen dein Verstand und dein Gefühl auf einer anderen, verbindenden Ebene. Das Herz spricht täglich zu dir und sendet dir fortwährend lebendige Zeichen.

*»Das wahre Wissen kommt immer aus dem Herzen.«*

LFONARDO DA VINCI

Hohes und Niederes, Sensitives und Grobes, Göttliches und (allzu) Menschliches leben im übertragenen Sinne in deiner Brust. Hier wohnt dein Gewissen, das mit der Stimme deines Herzens zu dir spricht und auch Wahrheiten benennt, die du lieber verdrängen würdest. Dein Herz ist zudem eine Art Barometer für Glück und Zufriedenheit.

Die Sprache unseres Herzens, die Intuition, signalisiert sofort, wenn etwas nicht stimmig ist – in der Verbindung mit einem geliebten Menschen ebenso wie in beruflichen oder gesundheitlichen Fragen. Wenn du dieser Stimme vertraust, kannst du dich öffnen, deine Wahrnehmungen annehmen und nach ihnen leben. Spürst du eine Unterbrechung oder Blockade im inneren Dialog mit deinem Herzen, wirst du intuitiv wissen, was dich aus der Balance gebracht hat und ob diese Beeinträchtigung von innen oder von außen kommt. Negative und zerstörerische Kräfte blendest du nicht aus und so können aus ihnen auch nicht so leicht Ängste oder Krankheiten erwachsen.

## AUCH EINE ART GEHIRN

Während dem Herzen in den meisten Kulturen eine zentrale Rolle zugemessen wird, wenn es um tiefe Gefühle und Seelisches geht, lehnt die Mehrzahl der Mediziner eine solche Sichtweise strikt ab. Noch immer sehen viele Naturwissenschaftler das Organ vor allen Dingen als hocheffiziente Pumpe an, die den Blutkreislauf in Gang hält. Doch in der jüngeren Zeit erscheinen immer mehr Publikationen, die über verblüffende Phänomene und einen sehr engen Zusammenhang zwischen Herz und Gehirn berichten. Wird das Bewusstsein des Menschen vielleicht durch das Zusammenwirken von Hirn und Herz bestimmt? Vieles spricht dafür, dass die Intuition tatsächlich die Sprache des Herzens ist.

### »Man sieht nur mit dem Herzen gut«

Bestimmt kennst du diesen Satz aus der berühmten Erzählung des französischen Schriftstellers Antoine de Saint-Exupéry vom kleinen Prinzen. Seit Kurzem gibt es aus der Wissenschaft Hinweise, dass das Herz nicht nur unsere Sicht auf unsere Mitmenschen und unsere Umgebung, sondern auch unser Denken sehr weitgehend beeinflusst. Dass Angst und Unsicherheit oder große positive Gefühle in der Herzgegend zu spüren sind, hast du bestimmt schon selbst erlebt. Doch kannst du dir vorstellen, dass von deinem Herzen ein richtiges Magnetfeld ausgeht, das auf das Nervensystem anderer Menschen einwirkt?

ÜBUNG

## ZEIT FÜRS HERZ

•

Tauch, wie bereits geübt, in deine Intuition ein. Spür dich in der dabei wachsenden Entspannung. Wie fühlt sich dein Körper an? Welche Gefühle sind bemerkbar? Und was spürst du im Herzen? Was sagt dir dein Herz gerade jetzt? Lass alles zu, was in diesem Moment da sein will, und nimm die Informationen an, die du von deiner Herzensintuition erhältst.

Tatsächlich ist es so, dass sowohl das menschliche Gehirn als auch das Herz Magnetfeldwellen ausstrahlen, wobei das Magnetfeld des Herzens viele Male stärker als das des Gehirns ist. Dieses magnetische Feld ist so intensiv, dass es noch in mehreren Metern Entfernung mit einem entsprechenden Messgerät nachweisbar ist.

Herausgefunden haben das Wissenschaftler des Institute of HeartMath, das sich mit höchst erstaunlichen Phänomenen rund um das Herz und seine Intelligenz befasst. Sein pulsierendes Feld, so die Forscher, wirkt zunächst auf viele lebenswichtige Prozesse im gesamten Organismus ein. Bei den Untersuchungen entdeckten sie rhythmische Muster, die eine auffallend enge Verbindung zu den Emotionen der jeweiligen Probanden aufwiesen.

Außerdem stellten sie fest, dass sich das Magnetfeld des Gehirns an den Rhythmus des Herzfeldes anpassen kann. Die Vorstellung ist also nicht abwegig, dass das Herz die entscheidenden Impulse dafür gibt, wie wir fühlen, wie wir denken und wie wir handeln und ob wir in Harmonie mit unserem Körper und unseren Mitmenschen leben.

## DAS HERZ ALS ANTENNE

Schon seit längerer Zeit ist in der Wissenschaft bekannt, dass sich die elektromagnetischen Felder von zwei Menschen nach und nach synchronisieren, wenn sie sich intensiv in ein Gespräch vertiefen. Das kann so weit gehen, dass sogar die Gehirnwellen nach einiger Zeit identische Muster aufweisen. Es wird vermutet, dass das Herz bei diesen Vorgängen eine wichtige Rolle spielt. Man könnte sagen: Das Nervensystem des Gehirns fungiert als Antenne für Impulse, die vom Herzen des Gesprächspartners ausgesendet werden. Vor diesem Hintergrund werden so wichtige menschliche Eigenschaften wie Empathie und Sensibilität für das Empfinden anderer erklärbar.

## Teil unserer Persönlichkeit

Medizinische Eingriffe am Herzen sind ebenfalls ein faszinierendes Forschungsgebiet – eben auch aus einer ganzheitlicheren Sicht. Ärzte sehen das Herz vor allem als technisches System an. Gibt es eine Störung, muss sie beispielsweise durch das Legen neuer Leitungsbahnen oder den Austausch defekter Klappen behoben werden. Für Patienten sind solche Eingriffe in der Regel sehr belastend. Und zwar auch emotional und seelisch.

Von zahlreichen Herztransplantationspatienten weiß man sogar, dass sie ihre gesamte Persönlichkeit verändern können. Sie scheint sich in manchen Charakterzügen der des Herzspenders anzupassen. Das Herz ist in der Tat ein sehr sensibles Organ und weit mehr als eine Pumpe. Manche Wissenschaftler gehen sogar so weit, dass sie das Herz als zweites Gehirn ansehen.

## Komplexe Nervenstrukturen

Lassen wir uns einmal darauf ein und betrachten wir das Herz medizinisch als Pumpe, bleibt es dennoch erstaunlich: Es verfügt nämlich über ein eigenes Nervensystem mit mehr als 40 000 Neuronen. Dieses Nervensystem funktioniert dabei unabhängig vom Gehirn, das bisher immer als Schaltzentrale für den gesamten Organismus und all seine Funktionen angesehen wurde.

Aber es gibt auch eine intensive Kopplung zwischen den beiden Systemen: nicht nur wie bereits beschrieben energetisch, sondern auch ganz biologisch-physisch. Die Nervenimpulse vom Herzen laufen über das verlängerte Rückenmark bis zu den Arealen des Gehirns, die beispielsweise für Angstgefühle und die Abwehr von gefährlichen Situationen zuständig sind. Auch hier wird deutlich, dass unser Wahrnehmen und Empfindungen sehr wohl durch das Herz beeinflusst werden. Es arbeitet eng mit dem Gehirn zusammen, damit wir in möglichst allen Situationen unseres Lebens sinnvoll reagieren können.

## Liebeshormone

Doch das Herz hat noch mehr Überraschungen zu bieten. Seit etwa 30 Jahren ist bekannt, dass es nicht nur den Kreislauf antreibt, sondern gleichzeitig auch als eine Art Hormondrüse funktioniert.

Im Herzen werden nämlich verschiedene Hormone ausgeschüttet, die Auswirkungen auf unsere Gefühlswelt und die Empfindungen haben. Das Herz als Liebessymbol hat somit tatsächlich einen tieferen Hintergrund, als manche Skeptiker glauben wollen.

*Goethe nannte die Intelligenz des Unbewussten, unsere Intuition, »Herzensscharfsinn«.*

### Wussten wir es nicht schon lange?

Wir dürfen gespannt sein, was die Wissenschaftler bei ihren Untersuchungen noch über das Zusammenwirken von Herz und Gehirn herausfinden werden. Eines scheint jedoch bereits heute sicher: Das, was die Menschen schon immer gespürt haben, ist viel mehr als Einbildung. Ob wir uns gut oder schlecht fühlen, ob wir trauern oder lieben, ob wir uns selbst anerkennen oder hassen – alle diese Dinge hängen sehr eng mit den Vorgängen in unserem Herzen zusammen.

### KOPF ODER HERZ?

Jetzt lässt sich aber eine interessante Schlussfolgerung ziehen: Der typische moderne Konflikt zwischen Herz und Kopf hat nach all dem, was die Forschung heute weiß, gar keine Berechti-

gung. Beide könnten wunderbar zusammenarbeiten. Im ganz alltäglichen Geschehen. Es kann so einfach sein, bei dir selbst anzukommen, wenn du dem Herzen endlich wieder seinen Stammplatz in deinem Leben gibst. Indem du deine Intuition schulst, eben die Sprache des Herzens, bist du bereits auf dem besten Weg dahin.

### EINE FREMDSPRACHE?

Schauen wir zum besseren Verständnis noch einmal auf die gegenwärtige Realität, die bei den meisten Menschen ja nicht unbedingt von Herzensweisheit geprägt ist. Noch nicht.

Lernen könnten wir von den Kindern. Sie tragen ihr Herz auf der Zunge. Leider aber erhalten sie für ihre intuitiv getätigten Entscheidungen meist kein Lob oder gar Anerkennung. Viele Kinder wachsen mit Ermahnungen auf, mehr aus dem Verstand als aus dem Herzen heraus zu agieren. Intuition und Herzensstimme müssen so natürlich verkümmern, statt dass man sie zu wahren Stärken des Alltags ausbaut.

Ist dir das schon aufgefallen: Im gleichen Maße, in dem dein Herz verstummt, wird das Stimmenchaos in deinem Verstand immer größer. Für jede Entscheidung gibt es plötzlich eine ganze Fülle an Pros und Kontras, die sich um den Vorrang streiten. Dies überfordert regelmäßig nicht nur den Kopf, sondern auch den Körper und die seelische Ebene, die seit jeher dem Herzen näher steht als dem Verstand. Ohne Intuition wird das Leben tatsächlich sehr viel komplizierter.

Für Harmonie sorgst du, wenn du die Sprache deines Herzens wirklich verstehen lernst. Bist du darin bisher wenig geübt, ist es, als würdest du eine Fremdsprache lernen. Es lohnt!

ÜBUNG

# LASS DEIN HERZ ERSTARKEN

•

Wann immer du eine Entscheidung mit dem Verstand durchdenkst und dabei nicht das Gefühl hast, schon die beste Lösung gefunden zu haben, solltest du für einen Augenblick innehalten. Lass den Verstand für den Moment beiseite — er hat seine Argumente schließlich schon vorgebracht – und lausch in dein Herz. Sprich ihm dein Vertrauen aus und bitte es, dir seine Sichtweise auf das aktuelle Thema darzustellen. Zeig dich bereit zu lauschen. Mit diesem Vertrauensvorschuss an dein eigenes intuitives Urteilsvermögen hat dein Herz die Chance, dir auf beste Weise zu raten. Nach und nach kommen so alle Facetten deines Wesens zum Tragen.

# WEISHEIT AUS DEM BAUCH

Mit der Intuition ist es so eine Sache, zumindest für unseren Verstand. Denn nicht nur lässt sie sich nicht recht greifen und nicht analysieren. Sie lässt sich auch nicht leicht orten. Im Herzen haben wir sie bereits verankert. Aber wir nennen sie ja auch »Bauchgefühl«. Sitzt sie also doch eher im Bauch? Was dort auf jeden Fall zu Hause ist, sind unsere vielfältigen Emotionen.

*DIE WELT DER EMPFINDUNGEN*
Gefühle und gefühlte Wahrnehmungen gehören zu den nicht greifbaren Dingen im Leben. Man kann sie nicht festhalten, sondern nur bemerken, erleben. Auch in der Wissenschaft – mit Ausnahme der Psychologie – hat man sich lange davor gescheut, sich mit Gefühlen auseinanderzusetzen. Die moderne Hirnforschung macht dies aber heutzutage leichter. Denn sie kann zeigen, was in unserem Gehirn bei bestimmten Handlungen, Gedanken oder eben auch Gefühlswahrnehmungen passiert. Neue Studien belegen, dass die Intuition auf der Basis der Gefühle oft schlauer ist als die Vernunft. Und dass Emotionen unsere Entscheidungen beeinflussen, wissen wir ohnehin aus dem Alltag.

Intuitives Handeln ist evolutionsbedingt allen Menschen angeboren, denn früher waren rasche Entscheidungen für das Überleben unabdingbar. Wer im Wald bei der Nahrungsbeschaffung von einem Säbelzahntiger überrascht wurde, konnte nicht erst lange nachdenken, er musste sofort entscheiden, was zu tun ist. Eben aus dem Bauch heraus. Und darauf ist die Funktion des Gehirns ausgerichtet, darauf, unter allen Umständen das Überleben zu sichern, und das so schnell wie möglich. Die Gefühle helfen dabei ebenso mit: Wir spüren eine Gefahr, bevor etwas sichtbar ist – und wenn wir auf unseren Bauch hören, handeln wir sofort entsprechend. Ob im Business oder irgendwo draußen in der Natur.

## Rasend schnell bis heute
Diese extrem hohe Verarbeitungsgeschwindigkeit und Reaktionsfähigkeit haben wir bis heute. Wenn du zum Bei-

# WOHER KOMMT'S?

•

Du kannst deine Intuition in fast jeder Alltagssituation schulen und dabei immer klarer entdecken, woher sie kommt und was sie ausmacht.

▸ Nehmen wir an, du stehst mit einer Vielzahl von Menschen an einer Bushaltestelle. Dann kannst du dich fragen: Welche Personen werden wohl als Erste den Bus besteigen? Wer wird sich setzen, wer wird stehen bleiben? Wer wird eher drängeln, wer wird zuvorkommend sein?

▸ Oder du sitzt in einem Meeting und fragst dich: Wann wird eine bestimmte Kollegin das Wort ergreifen und was wird sie sagen? Was wird ein anderer Kollege dann antworten? Was wird mit der Stimmung im Raum passieren?

▸ Da die Intuition so vielfältige Quellen hat, kannst du bei diesen Alltagsübungen zusätzlich nachspüren, woher das Wissen in dir eigentlich kommt. Aus dem Bauch? Aus dem Herzen? Aus dem Kopf?

spiel gern mal ein Handballspiel verfolgst, wirst du dich bestimmt schon gefragt haben, wie solche blitzschnellen Reaktionen möglich sind. Und sicherlich wirst du dabei schnell auf zwei mögliche Erklärungen gekommen sein: Erfahrung – und Intuition. Denn wenn ein Ball in Spitzengeschwindigkeiten durch eine Sporthalle rast, bleibt dem

Spieler keine Zeit, logische Überlegungen anzustellen, um die richtige Handlung zu setzen. Er muss sich komplett auf seine Intuition verlassen, die im Training zuvor tausendfach geschult und geübt wurde.

Es gibt aber auch im Alltag immer wieder besondere Situationen, in denen ein ähnliches Vertrauen in die inneren Eingebungen gefragt ist. Wenn du beispielsweise in eine gefährliche Situation im Straßenverkehr gerätst, sind es all deine feinen intuitiven Antennen, die dich zum schnellen und meist auch genau richtigen Handeln anleiten.

## DIE INTUITION IM BAUCH

Das sogenannte Enterische Nervensystem (ENS) ist ein dichtes Nervengeflecht, das den gesamten Verdauungstrakt durchzieht. Es arbeitet autonom und würde selbst dann voll funktionsfähig bleiben, wenn es vom Zentralen Nervensystem getrennt würde. Es steuert nicht nur vielfältige Belange der Verdauung, sondern auch unsere grundlegende Entspannung und Anspannung. Es tut das über den Sympathikus und den Parasympathikus.

Nach Erkenntnissen zahlreicher Forscherteams werden Gefühl und Intuition von dem Nervengeflecht in dieser Körperregion mitgesteuert. Es ist tatsächlich eine Art Bauchhirn und besitzt mehr als 100 Millionen Nervenzellen – vier- bis fünfmal so viele wie das gesamte Rückenmark. Das besonders Erstaunliche ist: Es werden weit mehr

Informationen über diese Nervenstränge vom Bauch ins Kopfhirn gesendet als umgekehrt. Aus dem Bauch geben wir also unzählige Infos ans Gehirn, die dort weiterverarbeitet werden.

### Vorsicht: Marker

Bauchgefühle können rasend schnell sein – dann bleibt keine Zeit zum bewussten Einschätzen der Lage. Du han-

ÜBUNG

## SELBSTREFLEXION

•

Deine Intuition wird umso stärker, wenn du beginnst, regelmäßig die Entscheidungen und Empfindungen eines Tages zu reflektieren. Frag dich, welche deiner Handlungen heute überwiegend intuitiv entstanden sind und welche eher positive oder negative Auswirkungen hatten. Welches Gefühl hattest du bei deinen Entscheidungen – im Bauch, im Herzen?

delst auf eine Weise – und es wird sich zeigen, ob du das hinterher sinnvoll oder völlig übertrieben empfindest. Aber das Bauchgefühl ist auch bei Entscheidungen da, über die du zugleich nachdenken kannst. Und dann kannst du es eventuell auch falsch interpretieren. Im Zustand frischer Verliebtheit spielen eine Menge Hormone mit hinein, die die Intuition verfärben können – meist rosarot. Oder schlechte Erfahrungen aus der Kindheit können dich geprägt haben und deine intuitiven Eingebungen verfälschen. Hast du beispielsweise in der Schulzeit oft Ärger mit einem rothaarigen Jungen gehabt, dann ist der Marker »rothaarig« negativ besetzt. Begegnet dir später ein rothaariger Mann, kann dir deine Intuition von ihm abraten, obwohl er sympathisch ist und gut zu dir passen könnte. Eine veredelte Intuition lässt sich zum Glück nicht mehr so leicht durch alte Marker durcheinanderbringen.

## WARNSIGNALE

Wie du dich entscheidest, egal ob beim Einkaufen, bei beruflichen Angelegenheiten oder bei der Partnerwahl, der Prozess der Entscheidung passiert in wenigen Millisekunden. Meist noch bevor du Zeit hast, bewusst darüber nachzudenken. Dein Bauchgefühl verrät dir bereits beim Betreten eines Raumes, ob wohlmeinende Leute anwesend sind oder ob etwas Brenzliges in der Luft liegt. Beim Kauf einer Immobilie bekommst du vielleicht furchtbare Schweißausbrüche oder einen Kloß im Hals, der dich am Unterschreiben des Vertrages hindern möchte.

In solchen Momenten musst du entscheiden: Sind das alle Ängste, die eigentlich nichts mit der aktuellen Situation zu tun haben? Oder rät dir hier deine höchst alarmierte Intuition, die Finger davon zu lassen? Das ist nicht immer einfach, sondern vielmehr ein lebenslanger Lernprozess.

# DAS BELOHNUNGSSYSTEM

Bei allen Entscheidungen, die du triffst, geht es dir – deinem gesamten System – immer darum, dein Wohlergehen zu maximieren. Es soll dir gut gehen, damit du bestens überlebst. Das ist die biologische Motivation. Als Dank für jeden Erfolg erhältst du vom Belohnungssystem deines Körpers ein euphorisches Gefühl, das vor allem durch die Ausschüttung des Glückshormons Dopamin hervorgerufen wird. Dadurch wird deine Lust gesteigert, das eben Erlebte zu wiederholen.

Hast du intuitiv richtig gehandelt, stärkt dieser Vorgang natürlich auch das Vertrauen in deine Intuition. Du merkst: Es fühlt sich gut an, ihr zu folgen. Also folgst du ihr künftig noch öfter.

## DAS ERFAHRUNGSGEDÄCHTNIS

Betrachten wir vor dem Hintergrund all dieser Informationen noch einmal, wie die Intuition eigentlich wirkt: Von Geburt an, oder vielleicht sogar schon davor, bewertest du – meist unbewusst – all deine Erlebnisse und legst sie in dir als negativ oder positiv ab. Durch diesen neuronalen Vorgang sammelt sich in dir im Laufe deines Lebens ein Erfahrungsgedächtnis: eine Landkarte all der Dinge, die du künftig wieder anstreben willst, ebenso wie der Dinge, die du fortan besser meiden möchtest. In jeder Lebenslage arbeitet dein System in Hinblick auf diese Erfahrungslandkarte und gibt dir über die Intuition blitzschnell alle nötigen Impulse in Richtung Wohlergehen.

Intuition ist damit wissenschaftlich betrachtet kein Talent und auch kein Geschenk Gottes – obwohl es sich manchmal durchaus so anfühlen kann. Es ist die Fähigkeit der Körper-Geist-Seele-Einheit, bestmöglich mit den Gegebenheiten des Lebens umzugehen. Und als Fähigkeit lässt sie sich verbessern, auch über viele, möglichst bewusst durchlebte Erfahrungen als Basismaterial für weitere Eingebungen.

# UND DAS GEHIRN?

Herz, Bauch – dir ist sicher klar, und jetzt noch klarer geworden, dass dort die Intuition zu Hause ist. Was aber hat das Gehirn mit ihr zu tun? Ist es daran unbeteiligt? Nein. Auch dort wurde ein Areal entdeckt, in dem Entscheidungsinstanzen verankert sind, die mit der Intuition zusammenhängen. Über die Kommunikation zwischen Bauch und Hirn ebenso wie zwischen Herz und Hirn läuft die Intuition ganz entscheidend auch im Kopf ab. Dort laufen die Fäden am Ende wieder zusammen, könnte man sagen. Unser System agiert als eine Einheit, alle Instanzen tun das Ihre für sein Wohlergehen.

ÜBUNG

## HERZ + KOPF + BAUCH = DU

Mit dieser Übung kannst du die Verbindung zwischen Herz, Bauch und Kopf spürbar stärken.

▸ Setz dich entspannt mit aufrechtem Rücken hin, komm für einen Moment ganz zu dir und lenk deine Aufmerksamkeit in deine Herzregion. Atme tief und langsam durch das Herz.

▸ Nun erinnere dich an das Gefühl der Liebe, die du für jemanden fühlst. Es kann auch die Liebe zu dir selbst sein.

Bleib etwa fünf Minuten lang dabei. Spür diese Liebe intensiv im Herzen.

▸ Wechsle die Ebene und denk nun an diese Zuneigung. Lenk deine Achtsamkeit damit in den Kopf.

▸ Richte deine Aufmerksamkeit abschließend in den Bauch. Atme dabei ins Herz, um die Liebesgedanken und -gefühle in deinen Bauch zu senden. Lass sie dort verschmelzen. Und lass dich davon nähren.

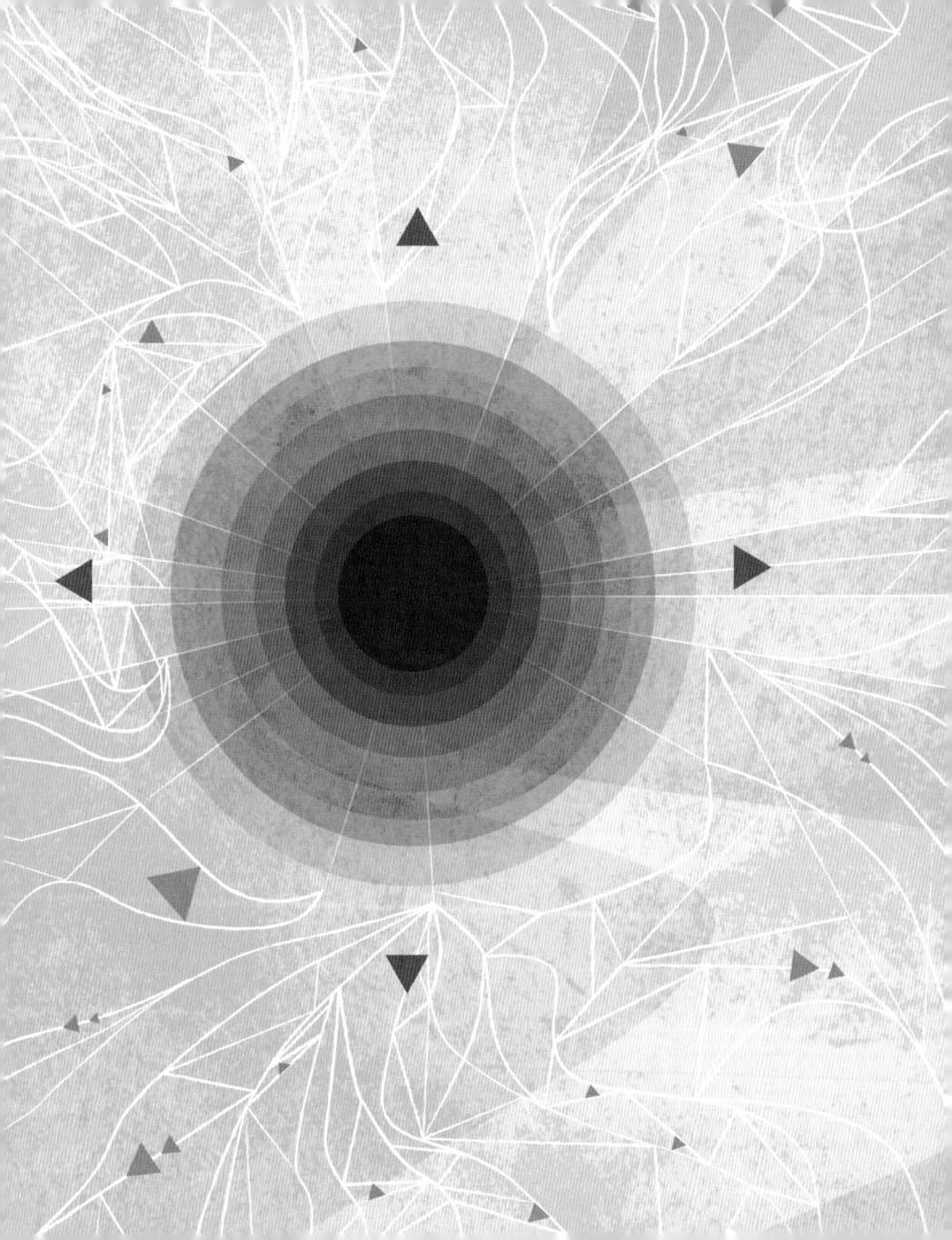

# VEREDLE DEINE INTUITION

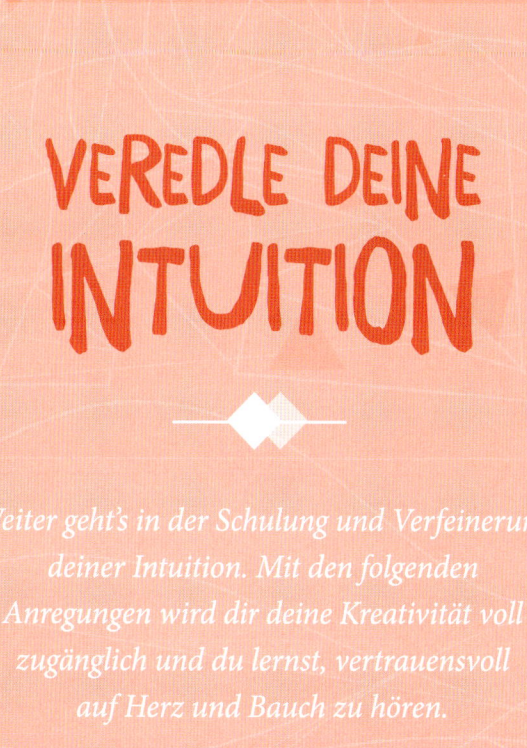

Weiter geht's in der Schulung und Verfeinerung
deiner Intuition. Mit den folgenden
Anregungen wird dir deine Kreativität voll
zugänglich und du lernst, vertrauensvoll
auf Herz und Bauch zu hören.

# DEIN SELBSTCOACHING

Auf Seite 16 hat dir eine Reflexion gezeigt, wo du mit deiner Intuition gerade stehst. Wenn du dir diese Fragen jetzt noch einmal stellst, werden dir sicher bereits Veränderungen auffallen.

## *INTUITION IST NATÜRLICH*

Du hast dich bereits in Richtung geschulte Intuition bewegt, wenn du die Übungen des letzten Kapitels gemacht und die Informationen dazu gelesen hast. Vielleicht erstaunt es dich zu erleben, wie schnell sich deine intuitiven Fähigkeiten weiterentwickeln. Das liegt insbesondere daran, dass sie etwas vollkommen Natürliches sind. Sie müssen also nicht erst von null auf ausgebildet werden, sondern vor allem aufgeweckt. Und natürlich muss dein Vertrauen in sie durch Erfahrungen wachsen.

## COACH DEINE INTUITION

Das Wort Coach bedeutet »Kutsche«. Ein solches Gefährt bringt dich von einem Ort zum anderen. Wer darin sitzt, hat ein Ziel vor Augen. Die Kutsche ist dabei Mittel zum Zweck, damit es schneller geht, bequemer und man auf dem Weg bleibt. Sie bringt den Reisenden seinem Ziel näher, Stück für Stück. Genau das ist auch die Aufgabe eines Coachs: die Begleitung eines Menschen auf dem Weg zu seinem Ziel – durch Tipps, Ratschläge oder Impulse. Beim Selbstcoaching bist du allein für den Fortschritt und den Lernprozess zuständig. Das fördert deine Selbstverantwortung. Ich zeige dir mit vielen Angeboten, wie du kinderleicht und liebevoll mit dir arbeiten kannst, wobei »arbeiten« nicht das richtige Wort ist, denn du sollst, kannst und darfst auch immer viel Spaß dabei haben. Geh einfach spielerisch vor.

# EIN GANZ NEUER MENSCH

▲

Als Petra, 32, zu mir kam, hatte sie das Gefühl, sich seit Jahren von ihrer Intuition abgeschnitten zu haben. Sie erinnerte sich daran, dass es einmal anders war. Als Kind und Jugendliche hatte sie intensive Wahrnehmungen und konnte sich supergut auf ihre Intuition verlassen. Seit dem Studium wurde es immer weniger. Und seit sie mitten im Arbeitsleben stand, hörte sie die Stimme ihrer Intuition gar nicht mehr. Sie selbst führte das darauf zurück, dass sie mehr und mehr gelernt hatte, ihren Verstand zu gebrauchen und zu funktionieren. Als Managerin bei einer großen Versicherung war sie verantwortlich für Marketing und Kommunikation, sie musste immer mehr auf Wirkung als auf Inhalte achten – so empfand sie es. Der Verlust ihrer Intuition schmerzte sie, denn sie merkte, dass sie dadurch im Privatleben zunehmend schlechtere Entscheidungen traf und manch-

mal einfach überhaupt nicht mehr wusste, was das Richtige für sie war. Das betraf oft wichtige Themen, wie zum Beispiel ihre Liebesbeziehungen, die mehrfach scheiterten, ohne dass sie es sich erklären konnte. Aber Petra konnte sich plötzlich auch nicht mehr entscheiden, an welchen Urlaubsort sie fahren sollte oder ob ihr ein Freundinnen-Wochenende guttun würde.

Unser Coaching dauerte sechs Monate: drei Treffen, sechs Skype-Gespräche und viele praktische Transferaufgaben. Petra hat herausgefunden, wie sie die Stimme ihrer Intuition wieder wahrnehmen kann. Das für sie sehr erstaunliche Ergebnis war, dass sie im Beruf sicherer und souveräner wurde. Sie spürt nun sehr genau, was in welcher Situation zielführender ist. Auch im Privatleben hat sich das positiv ausgewirkt. Sie weiß jetzt besser, welche Menschen ihr guttun, und richtet sich ihr Leben entsprechend ein.

## DU DARFST FEHLER MACHEN

Wenn du dich dazu entschlossen hast, deiner Intuition zu folgen und sie zu verbessern und zu veredeln, wird sich viel verändern. Aber du darfst und wirst dich durchaus immer wieder irren. Bitte entwickle keinen Perfektionismus darin, damit würdest du dich nur herunterziehen, wenn du dann doch mal in einer Einschätzung danebenliegst. Schaff dir lieber eine gesunde Fehlerkultur. Sehr viele der Entscheidungen, die wir jeden Tag treffen, sind reine Momententscheidungen. Beispielsweise was wir essen oder am Morgen anziehen. Und manchmal liegen wir damit, mit Abstand betrachtet, falsch. Aber so ist das Leben, wir lernen immer dazu.

### Die Schwergewichte

Andere Entscheidungen haben längerfristigen Charakter und eine größere Tragweite. Dennoch bedeutet es nicht, dass du nicht auch solche Entscheidungen revidieren kannst. Wenn du nach dem Abitur die Wahl für einen Berufsweg getroffen hast, darfst du durchaus nach den ersten Monaten der Ausbildung oder nach ein paar Semestern im Studium auch ganz andere Wege gehen. Es ist wirklich einfach: Immer wenn du erkennst, dass du eine Entscheidung getroffen hast, die dir nicht guttut, unter der du im Nachhinein leidest, wende dich neuen Wegen zu.

Schwieriger ist es natürlich, wenn von deinen Entscheidungen auch die Lebenswege anderer Menschen betroffen sind. Gerade bezüglich Beruf oder Wohnort musst du schließlich immer auch die Kollegen, die Kunden oder die Familie einbeziehen.

### Geduld und Intuition: Zusammen unschlagbar

Aber auch hier gilt: Trau dich, bezieh deine Intuition in deine Entscheidungen mit ein und sei dir vor allen Dingen gewiss, dass jede Situation die Tendenz hat, sich in ihrer Qualität zu verstärken. Unangenehmes und Ungünstiges wird nicht plötzlich zur fantastischsten Erfahrung, die du haben kannst. Mit Bewusstheit und Übung lässt sich aber wirkungsvoll gegensteuern, wenn es nicht läuft, wie es sollte. Was du dabei aufbringen musst, ist lediglich Durchhaltevermögen und Geduld.

### Lernen im real life

In diesem Buch lernst du jede Menge Handwerkszeug zur Schulung deiner Intuition. Nutz es intensiv oder sporadisch, mach dir Notizen und beobachte deine Weiterentwicklung. Vor allem aber: Nutz deine Intuition im Alltag. Lass dich von ihr überraschen. Da du nun stärker auf sie ausgerichtet bist, wird sie dir sicher häufiger wertvolle Hinweise geben – und du wirst sie öfter bemerken. Lade sie auch gezielt ein. Beispielsweise, indem du ihr direkt Fragen stellst wie: »Was ist der nächste wichtige Schritt in meinem Leben?« oder »Was kann ich tun, damit sich meine Situation verbessert?« oder »Wie kann ich gesünder leben?«

ÜBUNG

## MORGENRITUAL

•

Mach es dir zur Gewohnheit, täglich morgens in deine Intuition einzutauchen und dich so auf den kommenden Tag vorzubereiten. Was wird heute besonders wichtig für dich sein? Vielleicht Termine und Erledigungen. Vielleicht aber auch deine innere Haltung, deine Lebensfreude oder deine Offenheit für andere. Was sagt dir deine Intuition: Was zählt heute? Und wie kann sie dir dabei helfen?

ÜBUNG

## ABENDRITUAL

•

Am Abend machst du dann eine ruhige Bestandsaufnahme dessen, was der Tag dir beschert hat. Nun vergleichst du mit den morgendlichen Vorhaben: Was hat deine Intuition dir am Morgen gesagt, was als wichtiger Aspekt dieses Tages zu beachten sei? Und was hat sich davon bewahrheitet? Wie konntest du damit umgehen und was hast du aus der Erfahrung gelernt? Wo warst du heute intuitiv?

# AUSGETRETENE PFADE VERLASSEN

Jeder kennt das Gefühl, dass es im Leben zu einem Stillstand kommt. Alles ist irgendwie immer das Gleiche. Routine und Alltagstrott haben uns fest im Griff. Nichts bewegt sich mehr so richtig. Wer nicht wagt, der nicht gewinnt – nach diesem Motto durchs Leben zu gehen, liegt einfach nicht jedem.

## *DIE INTUITION ZEIGT DIR IMMER EINEN WEG*

Es ist einfach, es ist bequem, führt aber auch zum Abstumpfen, wenn man tagtäglich den immer gleichen Ritualen folgt und nicht den Mut aufbringt, Veränderungen zuzulassen. Der Mensch ist ein Gewohnheitstier.

> *»Jedes Anlehnen, an wen oder was auch immer, führt zu nichts. Wichtig ist die eigene, persönliche Intuition, die Arbeit an sich selbst.«*
>
> CHÖGYAM TRUNGPA

Dennoch locken all die Möglichkeiten, viel mehr aus seinem Leben zu machen. Wenn du beginnst, deiner Intuition zu folgen, kannst du dir sicher sein, dass du aus dem Gefühl von Stagnation und Festgefahrensein herauskommst. Dein Herz hat mehr für dich vorgesehen – ein volles, reiches Leben. Es wird dich mit seiner Stimme auch unbedingt dorthin locken.

### Mach dich frei

Schon wenn du beginnst, deine Intuition zu veredeln, musst du dich Neuem öffnen. Es ist sogar eine Voraussetzung für diese Schulung, dass du eingefahrene Gleise verlässt.

Deswegen bieten dir die folgenden Übungen reichlich Gelegenheit, dir über Festgefahrenes klar zu werden und innere Grenzen zu sprengen – sanft, spielerisch, lustvoll. Oft reicht ein wenig wache Bewusstheit – und schon verändert sich etwas grundlegend und dauerhaft. Du betrittst eine neue Ebene der Wahrnehmung und des Erlebens. Wie mit der Flügelatmung.

# FLÜGELATMUNG

Der Körper ist ein wundervolles Instrument. Mit ihm können wir auf den unterschiedlichsten und zum Teil sehr subtilen Wegen wahrnehmen und empfinden. Er zeigt und lehrt uns eine ganze Menge. Beispielsweise ist die Atmung seit jeher ein Gegenstand der Meditation. Denn sie ist immer bei uns, ohne dass wir uns darum kümmern müssten. Wenden wir uns ihr aber bewusst zu, kann uns das viel klarmachen und wir können auch völlig Neues mit ihr erleben.

Hier eine kleine Übung, mit der du mithilfe der Atemwahrnehmung gewohnte Bahnen verlassen kannst:

▸ Setz dich entspannt hin und atme ein paarmal tief durch, um ganz bei dir anzukommen.

▸ Versuch nun, nur mit dem rechten Lungenflügel zu atmen. Dein Verstand wird sagen: »Wie soll das gehen?« Hör aber jetzt nicht auf ihn, sondern probier es aus. Übe erst ein paar Atemzüge mit dem rechten, dann mit dem linken Lungenflügel. Lenk einfach deine volle Aufmerksamkeit darauf und beobachte, was passiert. Mit ein bisschen Übung kannst du bald wechselseitig atmen.

▸ Sobald dir das gut gelingt, atme mit beiden Lungenflügeln und versuch dabei, deine Wahrnehmung ganz nach unten zu verlagern. Atme tiefer und tiefer. Du wirst spüren, dass du bis in die Erde hineinatmen kannst.

▸ Nun dreh das Ganze um und atme nach oben aus deinem Körper heraus. Immer höher, weit über deinen Kopf hinaus nach oben.

▸ Wechsle zwischen Tiefe und Höhe ab. Beobachte, dass du mit dem Atem auch dein Bewusstsein mal nach oben und mal nach unten lenkst.

## Auch ganz bodenständig

Deine Intuition soll dir natürlich nicht nur in »stiller Versenkung« und beim meditativen Üben helfen, sondern vor allem ganz praktisch im Leben. Deswegen: Teste sie doch gleich mal beim nächsten Einkauf aus.

## *SICHTWEISEN ÄNDERN*

Um im Geiste weiter zu werden, besprechen wir unsere Themen oft mit einer Freundin oder auch einem Coach. Die bringen dann bestenfalls eine erfrischend andere Sichtweise ein, die uns weiterhilft. Sie schenken uns ihre Pers-

---

ÜBUNG

## INTUITIV SHOPPEN

●

Veredle deine Intuition doch auch mal beim Einkaufen. Du kannst richtiggehend ein Spiel daraus machen. Eines, bei dem du viel über dich und deine kleinen Wünsche lernen wirst.

▸ Du gehst in einen Supermarkt, ganz ohne Einkaufszettel und ohne Liste im Kopf. Du schlenderst durch die Gänge und kaufst ein, was dich spontan interessiert. Denk nicht über Inhaltsstoffe oder gesundheitliche Aspekte nach, sondern folge einfach deiner Lust, deinem Bauchgefühl, deinem Herzen.

▸ Registriere auch, wie dich die Gewohnheit vielleicht doch zu all dem führen will, was du normalerweise immer kaufst. Widerstehe ihr. Außer, es machen dir genau diese Artikel tatsächlich Lust und Freude.

▸ Zu Hause machst du eine Inspektion deines Einkaufs. Was hast du alles mitgenommen? Was überrascht dich dabei? Was freut dich? Wie fühlst du dich mit deinen Schätzen?

▸ Notier dir die einzelnen Dinge am besten in deinem Intuitionstagebuch. Was ist ungewöhnlich? Was ist wirklich ganz anders als sonst, wenn du mit einem Einkaufszettel und von deiner Vernunft gesteuert losziehst?

## WAS DENKT DER ANDERE?

•

Sieh alles einmal aus der Sicht eines anderen. Das kann Wunder bewirken. Um in einer Problematik voranzukommen, lohnt sich eine hitzige, aber dennoch spielerisch geführte Debatte.

▸ Idealerweise hast du hierfür ein paar Leute, die dich unterstützen. Sollte das nicht der Fall sein, dann schlüpfst du abwechselnd in die verschiedenen Rollen und erörterst so Pro und Contra. Folgende Rollen sollte es geben: Den Künstler, dem der finanzielle Aspekt der Geschichte egal ist. Den Buchhalter, der explizit auf die Kosten achtet. Den Visionär, dem nichts unmöglich scheint. Den Macher, der alles daran setzt, etwas anzupacken. Zu guter Letzt den ewig Kritisierenden, der alles anzweifelt und lieber noch mal infrage stellt.

▸ Lass sie alle gleichberechtigt nacheinander zu Wort kommen. Du wirst auf diesem Weg rasch ganz unterschiedliche Ansätze durchdenken, aus denen du am Ende den besten Weg kombinieren kannst.

---

pektive und erweitern damit unsere eigene. Genau dieser Vorgang lockt auch die Intuition hervor, die sich als eine weitere Stimme ganz leicht ins Geschehen mischen kann. Auch auf diese Weise lernst du sie kennen und beachten. Du siehst, du hast endlos viele Möglichkeiten, mit ihr zu spielen.

### Verändere deinen Fokus

Spielen kannst du außerdem auch damit, worauf du deine Aufmerksamkeit richtest. Unserer persönlichen Situation entsprechend lenken wir unseren Fokus ja meist auf Gleiches oder Ähnliches. Bist du gestresst, siehst du lauter gestresste, genervte, überforderte Leute.

Bist du hingegen verliebt, wirst du verstärkt andere Liebespaare in der Öffentlichkeit wahrnehmen und überhaupt nur rosa Wölkchen sehen. Fährst du neuerdings Motorrad, so werden dir alle in deinem Umfeld befindlichen Zweiräder auffallen. Wo kommen die denn plötzlich alle her? Sie waren schon immer da – nur du hast deinen Fokus erst seit Kurzem darauf.

Aus diesem Grundphänomen kannst du eine einfache Alltagsübung machen. Richte deinen Blick absichtlich immer wieder auch auf Begebenheiten, die nicht mit dir und deinen aktuellen Themen in Zusammenhang stehen. Das heißt nichts anderes als: Versuch, deine Umgebung objektiv wahrzunehmen. So objektiv, wie du auch deiner inneren Stimme lauschen solltest.

## MIT ALLEN SINNEN

Meist hängen wir unseren Gedanken nach und stecken im Kopf fest. Für einen Sprung über die Mauern des Festgefahrenen kann es daher sinnvoll sein, mal aus dem Kopf heraus und in die Welt der Sinne hineinzusteigen. Den Körper spüren, eine Blume riechen …

## Schlafendes aufwecken

Es fällt heute sehr vielen Menschen schwer, sich angesichts der permanenten Reizüberflutung in Ruhe auf be-

ÜBUNG

## GEH MAL BARFUSS

Zieh die Schuhe aus und begib dich an die frische Luft! Schenk dir neue Wahrnehmungen. Lauf auf einer Wiese herum oder sogar durch die Straßen – zumindest wenn es warm genug ist. Notfalls kannst du auch in der Wohnung spüren, wie fein abgestimmt sich deine Füße dem Boden anpassen, was der alles für Informationen an dich weitergibt und wie sich das anfühlt. Das ungewohnte Barfußlaufen führt dazu, dass du nicht nur auf ungewöhnliche Art gehst, sondern auch auf ungewöhnliche, neue Art denkst und fühlst. Mach einfach mal einen Versuch.

stimmte Sinneseindrücke einzulassen und sie wirklich wahrzunehmen. Möchtest du das aber lernen, so kannst du deutlich spüren, wie das Empfinden dessen, was du wahrnimmst, zu einer beruhigenden Nahrung wird für die in der Alltagshetze oft übergangenen intuitiven Impulse.

Sinnesübungen helfen maßgeblich dabei, die eigenen Gefühlslagen positiv zu beeinflussen und negative Seelenstimmungen wie Langeweile, Lustlosigkeit, Unruhe, Ärger oder Ängstlichkeit ausklingen zu lassen. Helle, ruhige Stimmungen werden angeregt. Die Intuition wird gestärkt, die Wahrnehmungsfähigkeit intensiviert.

Wenn schlafende Sinne und dann bald auch schlafende Gefühle durch einen Eindruck von außen geweckt werden, sind wir manchmal erstaunt, zu welchen Empfindungen wir fähig sind: Wir können reinste Freude und Helligkeit in der Seele erleben. Das ist einfach nur wunderbar! Wenn wir uns diesen Wahrnehmungen überlassen, können sie uns stützen und uns als ganzes Wesen aus Körper, Geist und Seele liebevoll mit sich davontragen.

ÜBUNG

## BLIND, ABER SICHER

Wir können unsere Intuition auch dadurch schulen, dass wir einen Körpersinn für eine Zeit mal ausschalten. Bei dieser Übung verbindest du dir die Augen und stellst dich in die Mitte eines dir vertrauten Raumes. Nun versuchst du, dich darin zu bewegen, ohne irgendwo anzustoßen. Versuch, deinen gesamten Körper zu einer einzigen Empfangsantenne zu machen, die in der Lage ist, wie ein Radar die Umgebung präzise zu erfassen. Wie langsam und achtsam wirst du plötzlich, weil du nichts sehen kannst? Inwieweit gelingt es dir (oder auch nicht), dich ohne Kollision zu bewegen? Wie groß oder klein ist deine Sicherheit dabei? Wie verändert sich dein Gefühl, deine Selbstwahrnehmung? Notier deine Erfahrungen.

## RAUS AUS ALLEN MUSTERN

Immer gibt es zwei Seiten, Für und Wider, Pro und Contra, Schwarz und Weiß. Und immer werden wir tendenziell an einer der beiden Seiten hängen, sie befürworten oder uns zeitweise dafür entscheiden. So funktioniert Leben und insbesondere der Alltag. Ganz um »Eingefahrenes« werden wir daher wohl nicht herumkommen.

Außer wir begeben uns zumindest zeitweilig »hinter die Erscheinungen«, »über alle Dinge«. Wie das gehen soll? In der Meditation beispielsweise ist es möglich, eine Art Urgrund allen Seins zu erfahren, die Quelle, aus der all die Dinge, Gefühle und Gedanken kommen. Sind wir dort angekommen, sind wir tatsächlich aus allen Mustern heraus und weit offen für das, was uns an Intuition oder sogar Inspiration erreichen will. Dann haben wir wahrscheinlich auch gar nicht mehr das Gefühl, dass unser Herz zu uns spricht oder der Bauch, sondern irgendeine kaum benennbare »höhere«, »unendlich weite« Instanz. Das Leben selbst oder etwas als göttlich Empfundenes. Auch das nämlich kann Intuition sein, eine wirklich spirituelle Eingebung.

ÜBUNG

## WER BIST DU?

•

Um auch dein Selbstbild nicht zu eingefahren und starr werden zu lassen, kannst du diese Reflexionsübung nutzen. Nimm dir dafür etwas Zeit, tauch in die Entspannung und komm ganz bei dir an. Frag dich dann: Bist du dein Verstand? Bist du dein Gefühl? Bist du dein Körper? Wer ist es, der nachts in deinen Träumen aktiv ist? Wer oder was empfindet, wenn du an ein sehr freudiges oder ein unangenehmes Ereignis denkst?

# KÖNIGSWEG MEDITATION

Je mehr es dir gelingt, deinen wachen Verstand zur Ruhe und in die Stille zu bringen, umso eher wirst du einen Zugang zu deiner Intuition finden. Es ist heute bereits durch viele Studien sehr gut belegt, wie hilfreich und nützlich die Meditation ist, um das ständige Denken zu verringern und Freiraum für wirkliche Kreativität zu schaffen. Dabei reduziert sich außerdem der Stress, das Immunsystem wird gestärkt und die Kraft der inneren Bilder wächst. Die Vorteile sind wirklich enorm. Sie reichen weit über die Veredlung der intuitiven Fähigkeiten hinaus.

Setz dich nicht unter Druck, indem du meinst, dass du nur zum Erfolg kommst, wenn du auf eine ganz bestimmte Art und Weise meditierst. Du brauchst keine besondere Sitzhaltung, du brauchst keine Meditationsgegenstände und du brauchst keine besondere Vorbereitung. Such dir nur einen ruhigen Ort in deiner Umgebung, trag bequeme Kleidung und lausch in dich hinein. Beobachte deinen Atem, grüble nicht, sondern lass jeden auftauchenden Gedanken und jedes Gefühl einfach weiterziehen, ohne sie festzuhalten.

Es gibt nur eine einzige Regel, die du beherzigen solltest, wenn du über die Meditation den Zugang zu deiner Intuition finden möchtest: Übe täglich. Zu Beginn reichen fünf Minuten. Mit der Zeit kannst du die Praxis so ausbauen, wie es sich leicht in deinen Alltag integrieren lässt. Für viele Menschen hat es sich bewährt, den Tag mit der Meditation zu beginnen, andere möchten die innere Stille lieber mit in die Nacht und in den Schlaf nehmen.

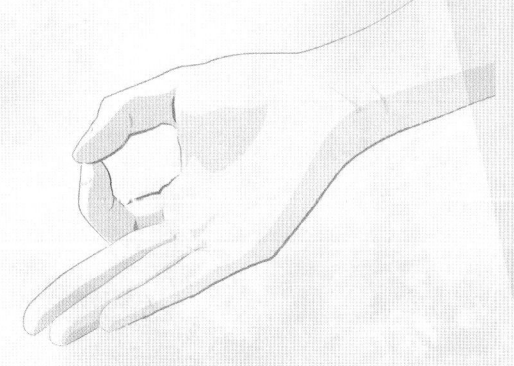

# INTUITIV DENKEN FÜR KREATIVE LÖSUNGEN

Intuition und Denken – passt das denn zusammen? Bestens! Unterstützt von Bauchgefühl und Herzensweisheit wird Denken erst wirklich kreativ und kann dir Problemlösungen oder neue Ideen präsentieren, auf die du sonst nie gekommen wärst. Der Verstand allein kann immer nur auf das zurückgreifen, was er bereits kennt. Die Intuition aber nutzt viel mehr und deutlich tiefere, ergiebigere Quellen des Wissens. Mit ihr greifst du auf die unendliche Menge an persönlichem und kollektivem Unbewusstem zurück, quasi auf alles, was je gedacht und erfahren wurde. Und auch die Inspiration wird dir zugänglich: Eingebungen aus einer Ebene, die viele als göttlich bezeichnen und die für den Verstand schlichtweg gar nicht existiert. Viele Kunstwerke wurden von genau dort gespeist. Inspiration übrigens – eine sehr enge Verwandte der Intuition – hat im Wort das »spirit«, den Geist, die geistige Ebene.

## GUTE ENTSCHEIDUNGEN

Entscheidungen sind meist dann richtig und von Erfolg getragen, wenn sie in einem Zusammenspiel von Kopf und Bauch entstanden sind. Indem du dir Freiräume schaffst und dein intuitives Potenzial weiterentwickelst, wirst du merken, dass du in vielen beruflichen und privaten Entscheidungssituationen wesentlich entspannter und freier agieren kannst. Du gewinnst mehr Vertrauen in deine innere Stimme. Intuition fördert nicht nur die Gelassenheit und die Kreativität, sondern ebnet dir den Weg zu deiner inneren Mitte. Du verbindest all die Ebenen in dir zu einer Einheit: zu einer Art multiintelligentem Ich, das in allen Situationen eine passende Lösung findet.

# DER VERSTAND BLEIBT WICHTIG

Niemand muss befürchten, nur noch intuitiv durchs Leben zu schweben, sobald er sich dieser Ebene geöffnet hat. Für gesunde Entscheidungen wird es immer auch die rationale Seite brauchen. Das Denken behält seinen Stellenwert, gerade in unserer Zeit mit ihren anspruchsvollen Alltagsaufgaben. Die Intuition kann jedoch gerade bei kniffligen Fragen der Hauptakteur sein, der sich ohnehin nicht abschalten lässt, während du deinen rationalen Verstand immer wieder bewusst einschalten solltest. Wenn alles widerspruchslos ist, macht sich die Vernunft die Vorschläge deiner Intuition gern zu eigen. Keine Sorge: Dein Verstand übernimmt sofort das Kommando, wenn bestimmte Fakten nicht mit dem übereinstimmen, was dir die Intuition rät.

Ein Beispiel: Ein Versicherungsagent will dir eine Kfz-Versicherung verkaufen, obwohl du gar kein Auto besitzt. Hier folgst du nicht der Intuition, die deinen Gesprächspartner vielleicht sehr sympathisch und überzeugend findet, sondern der Vernunft, die dir klipp und klar sagt: »Ich brauche keine Kfz-Versicherung, weil ich kein Auto besitze.« Deine Bewusstheit entscheidet.

## MUT ZU NEUEM DENKEN

Viele verwechseln das intuitive Denken mit einer Art von Hellsichtigkeit, aber das ist nicht gemeint. Übersinnliche Wahrnehmung, zu der ich ab Seite 114 noch kommen möchte, braucht zunächst gar keine Gedanken, die auf Verstandesebene stattfinden. Das intuitive Denken hingegen schon. Der Unterschied liegt insbesondere darin, dass wir die Informationen hinterfragen und mit den Ergebnissen einer rationalen Analyse in Verbindung bringen. Dazu einige Tipps:

### Frag nach dem Wozu

Frag nach dem Wozu und nicht nach dem Warum! Läuft etwas schief im Leben, dann wird schnell die Frage nach dem Warum gestellt. Sie beinhaltet aber irgendwie immer auch eine Anklage: »Hätte es nicht anders laufen können?!« Und sie zielt allein auf den Verstand, der das Gewesene verstehen will.

Ein intuitives – und viel stärker lösungsorientiertes – Herangehen fragt hingegen nach dem Wozu. »Wozu ist das so gelaufen? Wozu könnte es gut sein?« Das stellt den Zweck und den Sinn ins Zentrum, was nachweislich zu besseren Antworten und einer vorwärtsgewandten Sicht führt. Und du darfst gespannt sein, welch fabelhafte Antworten deiner Intuition auf diese Wozu-Fragen einfallen. Sie wird nämlich durch diese Frageform angeregt.

### Finde das Wie

»Wo ein Wille ist, ist auch ein Weg.« In diesem alten Spruch steckt sehr viel Wahrheit. Wer sein Ziel fest im Blick hat, der hat auch große Chancen, es zu erreichen. Vor allem, wenn er nicht nach dem Ob fragt, sondern nach dem Wie. Nicht: »Ob ich es wohl erreichen werde?« Sondern: »Wie könnte ich es wohl erreichen? Auf welchem Weg? Mit welchen Mitteln?«

Frag dich also nach dem Wie, wenn du einmal in der Sackgasse zu stecken glaubst. »Wie könnte es weitergehen? Wie könnte eine Lösung aussehen?« Hierzu kann dir deine Intuition ganz sicher etwas raten.

Große Geister wie die Gebrüder Wright, Thomas Edison und auch Leonardo da Vinci haben sich nach dem Wie gefragt und dabei Geniales erschaffen. Sie haben sich selbst motiviert und nicht von jenen abbringen lassen, die gern behaupten, dass es sowieso nicht geht.

### Was spricht dagegen?

Hier noch ein dritter Weg, die Sichtweise in Richtung Kreativität und intuitives Denken zu lenken. Er kommt dann zum Tragen, wenn bereits Lösungen aufscheinen – und zwar sehr ungewöhnliche Lösungen, die dich zunächst verunsichern. Denn sie fordern von dir, ausgetretene Pfade zu verlassen und

»Intuition ist das Mittel zur Erfindung.«

HENRI POINCARÉ

dich vielleicht auch gegen den allgemei-nen Strom zu stellen. Jetzt kannst du dich fragen: »Was spricht eigentlich da gegen?« Menschen, die schon länger mit dieser Frage arbeiten, kommen im-mer häufiger zu einer bestimmten Schlussfolgerung: »Warum eigentlich nicht?« Sie wagen den neuen vielver-sprechenden Schritt, zu dem ihnen Herz oder Bauch geraten haben, und sehr oft haben sie damit Erfolg.

Die Sichtweise auf die Dinge kann also entscheidend sein. Intuitives Denken ist dabei nicht auf den künstlerischen Be reich beschränkt. Es ist in allen Lebens-lagen und auch in vielen Berufen unverzichtbar. Die Herangehensweise an Probleme ist entscheidend und na-türlich auch der Mut, völlig neuartige Ideen zuzulassen und auszutesten. Prüf daher deine innere Einstellung, wenn du an ein Problem herangehst.

ÜBUNG

## HALB-UND-HALB-DENKEN

●

Erinnerst du dich an die Atemübung von Seite 51, bei der du die Lungenflü-gel einzeln beatmet hast? Nun über-tragen wir das auf das Gehirn.
Ebenso wie es einen rechten und ei-nen linken Lungenflügel gibt, gibt es eine rechte und eine linke Hirnhälfte. Und so wie du mit dem Atem gespielt hast, kannst du auch mit dem Denken spielen. Versuch also, jetzt nur mit der rechten Hirnhälfte zu denken. So selt-sam das klingt – probier es einfach mal aus. Und dann wechselst du die Seite und denkst nur mit links. Ver-such, mit beiden Hirnhälften das glei-che Thema zu durchdenken, und nimm den Unterschied wahr. Du wirst sehr schnell feststellen, dass dein Denken auf diese Weise eine völlig neue Qualität bekommt.

# FREIE ASSOZIATION

Es lässt sich im Leben nicht vermeiden, dass du ab und an in einer Denkweise feststecken wirst. Wie in einer Sackgasse. Ändere dann möglichst schnell den Blick und sieh es praktisch: Wenn es nicht vorwärtsgeht, muss eben noch einmal ein Schritt zurück getan werden.

Nimm dafür ein Blatt Papier und schreib dir alles zu einer Thematik auf, was dir in den Kopf kommt. Die vielen Ideen und freien Assoziationen kannst du am besten in Form einer Mind Map bündeln: alles kreuz und quer auf ein Papier bringen, wie es sich stimmig anfühlt. Und dann mit Linien und Kreisen sortieren und bündeln. Damit schaffst du zunächst etwas Abstand und gewinnst meist auch schon neue Ansätze. Oft stellt sich der intuitive Zugang zur optimalen Lösung des Themas dann schnell ein.

## PROBLEM, ICH FREU MICH AUF DICH!

Wenn du deine Intuition besser kennst und schon ein paarmal erlebt hast, wie zuverlässig sie dir hilft, dann wirst du dich tatsächlich dabei ertappen, dass du dich an Herausforderungen freust. Schließlich ist es total spannend, mit allem, was einem zur Verfügung steht, an die Lösung heranzugehen: mit Bauch, Herz und Kopf. Erst weißt du nicht weiter – und irgendwann wird die Antwort klar und klarer. Ein Weg zeigt sich und es macht Freude, ihn zu gehen.

Eine Möglichkeit bietet das oben stehende freie Assoziieren. Eine andere das Erinnern an frühere ähnliche Fälle, wie es die Übung rechts beschreibt. Was ich dir mit diesen Beispielen vermitteln will: Der Kreativität – auch der, an Probleme heranzugehen – sind keine Grenzen gesetzt. Nur wenn du dich zu eng machst, wenn du nur noch Gedanken schleifen zulässt und keinen Raum mehr für Herz- oder Bauchstimme lässt, wird es schwierig. Hilfreich ist es auch, die Sinnlichkeit mit einzubeziehen, sodass du mit deinem gesamten Wesen nach einer Lösung suchst.

## Alle Sinne nutzen

Sobald du dich in einer Entscheidungssituation befindest, spür auch in dich hinein, was du mit allen Sinnen empfindest und was du fühlst. Es kann dabei hilfreich sein, den einzelnen Entscheidungsvarianten gedanklich und emotional nachzuspüren.

Stell dir Folgendes vor: Du bist seit einiger Zeit auf Wohnungssuche. Bei einem Besichtigungstermin beschleicht dich ein mulmiges Gefühl, obwohl eigentlich endlich einmal alles zu stimmen scheint. Die Räume gefallen dir, sie sind von der Ausstattung und auch von der Lage her genau das, was du gesucht hast. Und bezahlbar ist die Wohnung auch. Alles würde sehr gut passen.

ÜBUNG

## WAS HAT SCHON MAL GEKLAPPT?

Eine Rückwärtsanalyse. Hierbei nutzt du eine erfolgreich abgeschlossene Sache und erstellst eine Schritt-für-Schritt-Analyse, die dich zum Ursprung zurückführt. Frag dich dabei: Was hat funktioniert? Wie bin ich damals vorgegangen, damit ich zum Ziel komme? Du gehst also noch einmal zurück und betrachtest den Weg. Irgendwann kommst du an den Punkt, der dir zeigt, wie du auch das aktuelle Problem angehen kannst. Dann weißt du, was zu tun ist: Du gehst auf eine ähnliche Weise wie damals vor.

## INTENSIV DENKEN

●

Um immer besser herauszufinden, ob du eine Information aus der Welt deiner Intuition bekommst oder ob du dir einfach nur etwas denkst, mach folgende Übung:

▸ Während du irgendetwas tust, halt immer wieder einen Moment inne und beobachte deine Gedanken. Und dann denkst du so intensiv, wie es nur geht! Als würdest du einen Muskel anspannen. Hast du das Gefühl? Gut. Mach es nun noch intensiver. Streng dich noch mehr an. Denk noch viel stärker.

▸ Und jetzt lass los. Wie fühlt sich dein Denkorgan jetzt an? Was ist anders als zuvor?

▸ Wenn du die Übung intensivieren willst, spann beim Denken alle Muskeln im Gesicht an. Wenn du dann loslässt, wirst du frei für Intuitionen, entspannte Geschenke.

In dieser Situation ist es wichtig, dass du den Grund deines Unbehagens herausfindest. Fühlst du vielleicht unbewusst, dass das Umfeld nicht stimmt? Hast du Bedenken gegen den Vermieter oder gibt es irgendetwas, was dir an der Wohnung selbst nicht gefällt, obwohl du es noch nicht bewusst bemerkt hast? Je häufiger du in unterschiedlichen Situationen in dich hineinhörst und deine wahren Gefühle aufspürst, umso mehr wirst du in Zukunft in der Lage sein, die inneren Signale zu fühlen, einzuordnen und in deine Entscheidungsfindung mit einzubeziehen.

### DENKEN, WÜNSCHEN ODER DOCH INTUITION?

Kennen wir das nicht alle: Wir wünschen uns etwas so sehr, dass wir tatsächliche Wahrnehmungen schlicht und einfach ignorieren. Wir hören nicht auf unsere Intuition. Ich habe da früher keine Ausnahme gemacht. Es gab einmal ein erstes Treffen mit einem Menschen, der mir innerhalb von zehn Sekunden suspekt war. Analysierend könnte ich heute genau aufzählen, was das Störgefühl ausgelöst hat. Meine Intuition war wirklich wach. Mein Wunsch nach einem harmonischen Kontakt, der sich so fortsetzt, wie er virtuell begonnen hatte, war aber viel stärker als meine Bereitschaft, der Intuition zu glauben. Ich wischte sie beiseite und ignorierte komplett alle Anzeichen, die sich in allen Details ein halbes Jahr später bestätigten.

Viele Menschen sind nicht in der Lage zu unterscheiden, ob ihre Wahrnehmung nun ein kritischer Gedanke ist, geprägt von alten Ängsten und Glaubenssätzen, oder ob sie gerade die Stimme ihrer Intuition vernehmen. Um den Unterschied herauszufinden, mach die Übung auf dieser Seite immer mal wieder. So lernst du nach und nach zu unterscheiden, was dein eigener Gedanke ist und was dein Bauchgefühl. Wenn die Intuition zu dir spricht, erkennst du das mit der Zeit immer schneller und leichter. Du kannst dich dann auf die feinen Anzeichen verlassen und wirst nicht mehr zum Sklaven deiner (oft unbewussten) Wünsche und Sehnsüchte.

Probier es aus und gib nicht so schnell auf: Auch Gedanken in Schach zu halten will gelernt sein.

## ÜBUNG
# GEDANKEN FÜHLEN

Nun gehen wir noch einen Schritt weiter. Du kennst jetzt das wirklich anstrengende Denken und hast herausgefunden, wie sich eine bestimmte Art zu denken anfühlt. Nun forsch nach anderen Gedankenqualitäten.

▸ Wie fühlt sich sehr liebevolles Denken an? Wie fühlt sich verärgertes Denken an? Wie trauriges Denken? Wie total freudiges? Such bei jeder Art der »Gedankengefühle« parallel die entsprechende Körperregion, die du in diesem Moment intensiv wahrnimmst.

▸ Anschließend verlässt du die Welt des Denkens und tauchst in die Welt deiner Intuition ein. Beobachte all die Unterschiede, die du zwischen deinem aktiven und deinem intuitiven Wahrnehmen feststellen kannst.

## DAS PLUS AN ERFAHRUNG

Je mehr du in deinem Leben erfährst, je mehr Herausforderungen du bestehst, je mehr an Schönem du erlebst, je mehr Informationen du wirklich in dir verarbeitest – umso reicher kann sich deine Intuition zeigen. Schließlich kann sie auf all das zurückgreifen, was in dir schlummert. Natürlich geht sie auch auf die Spur des kollektiven Unbewussten, was ihren Fundus unendlich macht. Erfahrungsgemäß leichter zugänglich sind uns all die Dinge, die wir selbst durchlebt haben. Auf sie können wir auch im Alltagsbewusstsein schnell zurückgreifen. Vor allem, wenn wir darauf vertrauen, dass uns das Bauchgefühl schon das Richtige zeigen wird.

## WISSENSSPEICHER FÜLLEN

Versuch, dein vorhandenes Wissen immer wieder zu erweitern. Lernen ist lebenslang wichtig. Dazu steht dir eine Vielzahl von Medien zur Verfügung, angefangen vom Internet über Printmedien bis hin zu Radio und Fernsehen und natürlich Bücher. Gespräche mit Freunden oder dir bislang unbekannten Menschen gehören ebenso dazu. Indem du bereits in dir vorhandenes Wissen erweiterst und mit neuen Informationen verknüpfst, wird dir mehr intuitiv abrufbar zur Verfügung stehen. Fühl dich wie ein trockener Schwamm, der offen für seine Umgebung ist und alles, was kommt, aufsaugt. Immer mit dem Ziel, die Wissensspeicher zu füllen.

Anders ausgedrückt: Lass alle Eindrücke auf dich wirken und sammle sie. Dabei können Zettel und Bleistift oder auch die Notizfunktion deines Handys wertvolle Dienste leisten. Notier deine Eindrücke und lass dich gedanklich von all den Wahrnehmungen und Impulsen leiten, die dir das Leben gerade jetzt bietet. Wahrscheinlich kommen sie genau zur rechten Zeit.

## DER WEG IST DAS ZIEL

Blitzideen oder überraschende Einfälle kommen selten aus heiterem Himmel. Denn bevor eine neue Idee wirklich geboren wird, legt sie meist einen langen Weg zurück. Der geht auch über die gedankliche Beschäftigung mit der Materie – und irgendwann kommt dann die rettende Idee in Form einer Intuition hinzu. Diesem Prozess kannst du vertrauen. Setz dich daher nie unter Druck, wenn du nach einer Lösung suchst. Wichtig ist, den Weg weiterzuverfolgen. Denn oftmals ergeben sich während der geistigen Reise plötzlich völlig neue Perspektiven, die es ermöglichen, kreativ zu werden und neue Ansätze zu finden. Im Stillstand passiert das selten.

### Lass dir Zeit

Sowohl im Job als auch im privaten Leben sind oft schnelle Entscheidungen gefragt, die jedoch mitunter nicht die besten sind. Wenn du nicht sofort einen guten Ansatz zur Lösung findest, schaff dir wenn irgend möglich einen Abstand zu den Dingen. Wer sich zurückzieht oder sogar noch eine Nacht darüber schläft, entdeckt plötzlich neue Herangehensweisen, die nicht nur deutlich kreativer sein können, sondern mitunter zu mehr Erfolg führen.

### Nötiger Freiraum

Gib deinem Geist die Freiheit, sich zu entfalten. Das intuitive Denken wird dich dein Leben lang begleiten. Nutz all deine inneren Kräfte, um neue Ansätze zu wagen und im Leben immer auch wieder unkonventionelle Herangehensweisen zu wählen.

Gib deiner Intuition Zeit, in der du ein vorhandenes Problem loslässt und nicht bewusst bearbeitest. Meist sprudeln am Ende dieser Phase ungeahnte Erkenntnisse aus dir hervor. Durch das gedankliche Loslassen werden veraltete, eingefahrene Denkgewohnheiten aufgelöst und neue gebildet, die am Ende die Lösung zutage fördern.

>*»Intelligenz, die voll erwacht ist, ist Intuition, und Intuition ist die einzig wahre Führung im Leben.«*
>
> KRISHNAMURTI

# ALL DAS TRAINIERT
## DEINE INTUITION

Das Intuitionstraining geht überall im Alltag. Wie bei einer Sportart macht auch hier die Übung den Meister. Die verschiedenen Fähigkeiten lassen sich in allen Bereichen des Lebens schulen und anwenden:

- Allein
- In der Partnerschaft
- In der Familie
- Im Beruf
- In der Natur
- Im Spiel
- Im Sport

Finde für dich heraus, welche Eigenschaften und Fähigkeiten in deinem Leben bisher zu kurz gekommen sind und widme diesen besondere Aufmerksamkeit. Bald werden auch sie Teil deines Alltags sein. Deine Sinne und Wahrnehmung werden davon profitieren!

LEBENSFREUDE
DIALOG

ACHTSAMKEIT
HINSPÜREN
WACHHEIT

FEINFÜHLIGKEIT
OFFENHEIT

BEWUSSTSEIN
BEWEGUNG

NACH-
INNEN-LAUSCHEN

STILLE
SINNLICHKEIT

# FOLGE DER STIMME DEINES HERZENS

Auch die Herzensstimme im engeren Sinne kann trainiert werden – oder besser gesagt: deine Fähigkeit, sie wahrzunehmen. Je besser das klappt, umso reibungsloser können Intuition und Verstand Hand in Hand arbeiten.

## KOPFMENSCHEN UND HERZMENSCHEN

Nicht immer Hand in Hand gehen jedoch Herz- und Verstandesmenschen. Innerhalb einer Familie, bei der Arbeit oder im Freundeskreis kann es bei ihrem Aufeinandertreffen zu Schwierigkeiten kommen. Zumal das Image, das Herzensentscheidungen und dem Bauchgefühl anhaftet, bei vielen Kopfmenschen dafür sorgt, die Intuitiveren besonders kritisch zu beäugen. Entspannung bringen dann gern die Feinsinnigeren. Oft ist es das Beste, wenn sie aus dem Herzen heraus die passenden Worte wählen, um die Kritik zu entkräften, und gleichzeitig unter Beweis stellen, dass auch das Herz in der Lage ist, gute Entscheidungen zu treffen.

ÜBUNG

## DER BUNTE FILM

•

Mach es dir an einem ruhigen Ort bequem, atme tief durch und lenk deine Aufmerksamkeit in dich hinein. Erlaub dir nun, kreativ zu sein, und bitte dein Herz um innere Bilder. Vor deinem inneren Auge entspinnt sich bald ein Film, der dir eine Geschichte erzählt. Lass sich alles frei entwickeln, so wie es ganz von allein geschieht. Anschließend mach dir Notizen und überleg, was dir dein Herz mit dieser Geschichte erzählen wollte.

Das beste Argument für eine neuartige Lebensweise ist die eigene Zufriedenheit. Wenn du einfach dein Leben lebst und nicht jede Entscheidung zu einer Wissenschaft erklärst, fällt der Druck, der vielen Entscheidungsprozessen innewohnt, von dir ab. Dieser Ausstrahlung können sich in der Regel auch Kopfmenschen, selbst wenn sie es nicht verstehen, einfach nicht entziehen.

### Das nötige Fingerspitzengefühl

Nun bist du bereits mitten in einem neuen Lebensgefühl – voller Intuition und freudiger Überraschungen. Zumindest, wenn du den Anregungen bis hierher ein wenig gefolgt bist.

Veränderungen im ganzen Sein stellen dabei nicht nur deine eigenen Verhaltensmuster, sondern auch deine Umwelt vor eine große Herausforderung. Damit es dir dennoch gelingt, immer stärker der Sprache deines Herzens zu folgen, gilt es, neben der Intuition auch etwas Fingerspitzengefühl zu beweisen. Schließlich ist – zumindest bei den meisten Menschen – der innere Konflikt zwischen Herz und Verstand seit Jahren wie selbstverständlich vom Verstand für sich entschieden worden. Daher erfordert es viel Mut, sich gegen diese Prägung zu stellen. Aber du wirst sehr schnell erkennen, dass du deiner Welt nicht ihr Fundament entziehst, sondern lediglich bei deinen Entscheidungen ein besseres Gefühl und deutlich mehr Klarheit hast.

ÜBUNG

## ALT UND WEISE

●

Setz dich ruhig hin und lausch deinem Atem. Wende dich dann nach innen und bitte um Kontakt zu einem inneren Anteil: dem weisen alten Menschen, der auch in dir lebt. Stell dir dieses Wesen sehr genau vor, sieh es dir an und beginn einen inneren Dialog. Stell diesem Weisen vielleicht auch wichtige Fragen und lausch den Antworten. Notier sie später in deinem Tagebuch und erneuere den Kontakt, wenn dir danach ist.

# GEGLÜCKTE INTUITION

•

Mach es dir bequem und schließ die Augen. Atme ruhig und langsam. Jetzt erinnere dich an einen Moment in deinem Leben, in dem du eine starke Ahnung im Herzen hattest, in dem ein tiefes inneres Wissen in dir spürbar war. Was war das für eine Situation? Was hast du dabei empfunden? Und was ist diesem intuitiven Gefühl gefolgt? Was hast du erlebt, als du deiner Intuition nachgegangen bist oder als du sie überhört hast?

Mach dir keine Gedanken, wenn du nicht auf Anhieb eine bestärkende Erinnerung an eine intuitive Erfahrung finden kannst. Lass dir Zeit und lausch einfach weiter in dich hinein. Dann werden die passenden Erinnerungen bald auftauchen. Und wenn nicht, gilt es, entsprechende neue zu machen.

Schließlich bedeutet, auf sein Herz zu hören, nur selten, genau das Gegenteil von dem zu tun, was der Verstand als richtige Entscheidung betrachtet. Im Idealfall unterstützen Herz und Verstand einander. Beide bringen ihre Erfahrungen und Werte ein. Beide gehören ja auch untrennbar zu dir.

## MIT DER HERZENSSPRACHE ORIENTIERUNG FINDEN

Wann wird der Ruf unseres Herzens besonders laut? Sicherlich dann, wenn wir den Weg verloren haben, den es sich für uns wünscht. Das Gefühl, im eigenen Leben nicht mehr als ein Statist zu sein oder eine Leere zu spüren, die sich nicht einmal benennen lässt, kann lähmend sein. Anstatt sich zu fragen, welche Faktoren diese Gefühle auslösen, und dann in eine neue Richtung zu steuern, verharren viele Menschen schlicht in ihrem Alltag und scheuen sich vor jeglicher Form der Veränderung.

Dabei ist es ungeheuer erleichternd, den Lebensweg mit dem Herzen zu beschreiten. Und es heißt für kaum jemanden, alles und jeden infrage stellen zu müssen. Das Herz wird ein paar

Kurskorrekturen vornehmen. Aber natürlich wird uns auch seine Intuition dazu raten, weiterhin die Rechnungen zu bezahlen und Freunden in Notsituationen beizustehen.

### Intuitive Herzensweisheit

Das Herz macht es uns leichter, uns selbst und den eigenen Idealen treu zu bleiben und weniger Kompromisse einzugehen. Diese scheinen zwar auf den ersten Blick und im Sinne des Verstandes oftmals die beste Lösung zu sein, entfernen uns aber zusehends von dem Weg, auf den unser Herz uns schicken würde. Schließlich ist das Herz so wahrhaftig, dass es gar nicht anders kann, als im Sinne des wahren Selbst zu handeln. Die Herzenssprache Intuition kann insgesamt der Persönlichkeit, die du mit dem Verstand entwickelt hast, näherstehen, als du denkst, und dabei zugleich vollkommen neue Seiten an dir zutage fördern. Gib ihr diese Chance!

ÜBUNG

## WAS WILL DEIN HERZ?

Du kannst lernen, auf dein Herz zu hören. Eine ganz einfache Übung zeigt es dir. Erinnere dich: Hattest du nach einer Trennung von einem Partner je Zweifel, was dein Herz wollte? Sicher nicht. Egal, ob die Trennung von dir ausging oder vom anderen: Da war kein Zweifel in der Sprache deines Herzens. Du wusstest genau, was es dir sagt: Entweder hast du getrauert oder du warst erleichtert. Ohne jeden Zweifel. Erinnere dich an dieses eindeutige Gefühl. Wo saß es im Körper? Welche Farbe hatte es dort? Wie hat es sich dir vermittelt? Wie fühlte es sich an, als es nach und nach verschwand? Und wie erlebst du mit dieser Erfahrung dein Herz heute?

Während bei der Partnerwahl, den Karriereentscheidungen oder der Familienplanung viele Menschen immer auf den perfekten Zeitpunkt warten, rät die Herzensweisheit viel eher dazu, Gelegenheiten beim Schopf zu packen und einfach ins kalte Wasser zu springen. Der Verstand ist für seine Entscheidungen auf bereits gesammelte persönliche Erfahrungen angewiesen. Fehlen diese, weil da Neuland ist, entstehen viele Fragezeichen, während das Herz schon lange die richtige Antwort parat hält.

### Die Freiheit des Herzens entdecken

Dem eigenen Herzen zu folgen hat einen weiteren positiven Nebeneffekt. Denn neben einer allgemeinen Zufriedenheit hat auch der Verstand endlich einmal Zeit, zur Ruhe zu kommen. Mit dem nun freieren Kopf fällt es leichter, auch größere Veränderungen zu organisieren und zu planen.

>»Intuition ist Vernunft,
> die es eilig hat.«

UNBEKANNT

Wenn du etwa mehr Zeit für die Familie oder dich selbst haben möchtest und dafür beruflich kürzertreten willst, kannst du durchaus von deinem auf logische Entscheidungen trainierten Verstand profitieren. Ist die grundsätzliche Richtung mit dem Herzen vorgegeben, kann der Verstand wie ein Backup funktionieren, das die Realisierbarkeit mit den nötigen Gedanken und Argumenten unterstützt.

### Sei geduldig

Eine solche Vorgehensweise stärkt auch das Vertrauen in die so getroffenen Entscheidungen. Aber bleib ruhig, wenn es etwas dauert. Da besonders zu Anfang der Umorientierung zu mehr Herzensentscheidungen die eigene Urteilsfähigkeit nicht immer uneingeschränkt positiv betrachtet wird, kann sich der Prozess auch langsam vollziehen. Je mehr Vertrauen schließlich für den Weg des Herzens gewachsen ist, umso seltener muss der Verstand einspringen und die Entscheidungen einer rationalen Überprüfung unterziehen. Du beginnst, dein wahres Selbst zu leben. Frei und wie selbstverständlich.

**Lerne wieder zu staunen**

Entlang eines Herzensweges bieten sich immer zahlreiche Optionen an, die vom Verstand nie in Betracht gezogen worden wären. Du kannst es auch so sehen: Du knüpfst da wieder an, wo das Herz in deiner Kindheit oder Jugend aufgehört hat, dir als Ratgeber zu dienen. Mit dieser Rückbesinnung auf deine ureigenen Ideale hat auch deine Persönlichkeit endlich die lang ersehnte Chance, die Pubertät abzuschließen und nicht nur vom Verstand her erwachsen zu sein. Du wirst ganz du selbst.

# URLAUB FÜRS GEHIRN, WEITE IM HERZEN

Für unseren gesamten Organismus gibt es ein wunderbares Patentrezept, um das Wohlbefinden zu erhalten: Stille. Phasen der Stille sind enorm wichtig, um wieder zu sich zu kommen, alle Systeme mal runterzufahren und zu regenerieren. Gerade wenn wir sehr viel Druck von außen haben, kann Stille für Entspannung sorgen. Wenn wir bewusst und absichtlich in die Stille gehen, können diese Erholungsphasen auch unsere Fähigkeit, zu denken und kreativ zu arbeiten, verbessern.

Was aber heißt Stille? Zuallererst: Nicht reden! Wie viele Tage gibt es bei dir im Monat, an denen du mindestens eine Stunde lang mit niemandem sprichst und dich auch auf keine andere Art und Weise austauschst, also keine E-Mail schreibst, nicht chattest, telefonierst oder sonstige Kommunikation betreibst? Wenn du bei dieser Überlegung entdeckst, dass du eigentlich nur noch dabei bist abzuarbeiten, zu reagieren, zu erledigen, herumzuplaudern oder dich zu zerstreuen, dann ist es sicher auch um deine Kreativität nicht allzu rosig bestellt. Spätestens dann ist es wirklich Zeit für eine Pause in Stille. So kann dein Verstand abschalten.

Mach das Lauschen auf die Stille zu einem täglichen Ritual. So ungewohnt es sich anfangs anfühlen mag, bald wirst du es lieben, weil es so guttut.

# LASS DEINEN BAUCH SPRECHEN

Damit sich deine Intuition entfalten kann, musst du ihr ein bestimmtes Umfeld und vor allem Raum für ihre Entwicklung geben. Das gilt auch für dein Bauchgefühl. Wenn es leben soll, wenn du es hören willst, brauchst du dafür einen gewissen, möglichst regelmäßigen Freiraum. Den aber schaffst du dir erfahrungsgemäß am ehesten, wenn du bereits positive Erfahrungen mit dem »Gehirn im Bauch« machen konntest. Genau dazu wollen dir die folgenden Anregungen verhelfen.

## *DEIN BAUCH WEISS IMMER GUT BESCHEID*

Wenn du vor komplizierten Entscheidungen stehst, bist du ganz besonders auf dein Bauchgefühl angewiesen. Dann brauchst du deine Intuition und nicht nur deinen Verstand. Viele Menschen können ihren Bauch aber einfach nicht »hören«. Dabei wäre es eigentlich ganz leicht, denn das Bauchgefühl äußert sich durch sogenannte somatische Marker. Das sind nicht übersehbare Körperempfindungen, die uns sehr deutlich anzeigen, was uns guttut und was wir vermeiden sollten. Wenn etwas richtig schön ist, bemerkst du vielleicht ein zartes Herzflattern, Bauchkribbeln oder etwas anderes, was dir eindeutig sagt: Das gefällt mir sehr!

Wenn dir etwas nicht guttut, bekommst du hingegen vielleicht Magenschmerzen, ein Kloßgefühl im Hals oder zittrige Hände. Diese Empfindungen zeigen dir an: Das will ich auf keinen Fall, nichts wie weg! Es sind Fluchtsignale.

### Erkenn dein Bauchgefühl

Es ist hilfreich, wenn du dir bewusst machen kannst, wie sich dein Bauchgefühl individuell zeigt. Vielleicht verspürst du beim Gedanken an etwas für dich Unangenehmes eher ein Ziehen im Magen oder ist es doch eher der Kloß im Hals? Oder aber du bekommst beim Gedanken an etwas Schönes ein feines Herzklopfen oder eine Gänsehaut, die über deinen Rücken krabbelt. Ich kenne meine Signale ziemlich genau. Und du? Natürlich muss sich dein Training nicht unbedingt um Pizzen drehen, wie rechts in dem Übungsvorschlag. Auch die Getränkewahl eignet sich oder die der Aktivitäten: Lesen oder Sport? Urlaubsorte kann man mit Körperempfindungen genauso aussuchen wie Schuhe. Denn die Vorgänge im Gehirn sind immer dieselben, egal, ob es sich um die Wahl eines Stücks Sahnetorte oder eines Einfamilienhauses handelt. Steigere die Wichtigkeit deiner Entscheidungen parallel zur wachsenden Übung im Umgang mit deinem Bauchgefühl. So kannst du lernen, das Potenzial deines emotionalen Erfahrungsgedächtnisses ohne Risiko sinnvoll zu nutzen.

### Mit Lust zum Zahnarzt?

Vergiss aber nicht: Manchmal ist es sehr nützlich, sich nicht auf das Körpergefühl zu verlassen. Wenn du zum Beispiel zum Zahnarzt musst, wird dir dein Erfahrungsgedächtnis vermutlich sagen: Das gefällt mir nicht! Lass uns dort keinesfalls hingehen! Jetzt ist wieder dein Verstand gefragt. Er sagt dir klar und deutlich, dass es längerfristig wichtige Ziele gibt und daher anders gehandelt werden muss, als es dir momentane Körpergefühle nahelegen.

---

ÜBUNG

## DIE PIZZA-ÜBUNG

●

Wenn du das nächste Mal eine Pizza bestellst, befrag zuerst dein Erfahrungsgedächtnis, was es von den verschiedenen Varianten hält. Benutz dein Gehirn wie eine Suchmaschine. Meeresfrüchte oder Vier Jahreszeiten, welche Pizza löst welche Erfahrungserinnerung bei dir aus? Stell dir die Pizza lebhaft vor deinem inneren Auge vor und füg möglichst viele Assoziationen aus allen anderen Sinnen hinzu – Geruch, Geschmack, Konsistenz. Dann wird sich schnell eine Körperempfindung einstellen, die dieses Vorstellungsbild begleitet. So bekommt eine Funghi vielleicht ein »ganz okay« und die Quadro Formaggi immerhin schon ein »Oh, wie lecker«. Achte darauf, wie du diese Urteile empfindest, wie sie sich körperlich zeigen.

## ERINNERE DICH

Sicher hast auch du dich schon durch rationale Argumente zu etwas »breitschlagen« lassen, was du hinterher bereut hast. So übernimmt der eine im Beruf zusätzliche Aufgaben, obwohl sein Kalender randvoll ist. Ein anderer erklärt sich immer wieder bereit, beim Nachbarn die Blumen zu gießen, auch wenn er das eigentlich lästig findet und obendrein zeitlich knapp dran ist. Und andere haben schon öfter am einzigen freien Samstag des Monats zähneknirschend eine Einladung angenommen. Wer an solche (Fehl-)Entscheidungen zurückdenkt, stellt oft fest, dass er dabei ein ungutes Gefühl hatte, aber nicht darauf geachtet hat. Was sagt deine Erinnerung dazu?

### *JEDERZEIT NUTZBAR*

Um ein deutliches Bauchgefühl auszulösen, genügt es – wie bei der Pizza –, sich eine Situation einfach nur vorzustellen. Auf diese Weise ist es möglich, Probeläufe schwieriger Entscheidungen durchzuführen, indem man sie im Geiste vorwegnimmt.

Über das Signalsystem der Körpererinnerung hat der Mensch jederzeit Zugang zu seiner gesamten Lebenserfahrung. Doch die meisten Menschen nutzen die Signale ihres Körpers zu wenig, denn die Fähigkeit, diese wahrzunehmen, ist heute bei so manchem regelrecht verkümmert. Andere wiederum schieben ihre unerwünschten körperlichen Warnsignale einfach beiseite und ignorieren sie, denn schließlich ist bei Entscheidungen nach allgemeiner Ansicht nur der kühle Intellekt gefragt. Doch genau so entstehen oft belastende Situationen.

Du aber kannst sie in Zukunft weitgehend verhindern, da du mittlerweile weißt, wie bedeutsam das Bauchgefühl und andere körperliche Wahrnehmungen sind. Sie liefern dir zuverlässige Anhaltspunkte dafür, was dir guttut und was besser vermieden werden sollte.

# KINDER ALS LEHRER

▲

Benedikt, 43, suchte meinen Rat. Er erlebte sich im Zusammensein mit seinen Kindern, ein Mädchen mit vier und ein Junge mit fünf Jahren, als völlig verunsichert. Er spürte, dass in seinem Umgang mit den Kindern etwas fehlte. Seine Frau war ganz anders, was ihm den Kontrast erst so richtig bewusst machte. Sie fühlte genau, was die Kinder brauchen: mal liebevolle Zuwendung, mal klare Grenzen.

Benedikt hatte dafür kein Referenzmuster. Sein Vater war ein reiner Kopfmensch, der ihm kein Vorbild war, wie es auch anders sein könnte. Seine Mutter war früh verstorben und so hatte er auch da keine »Anleitung« für intuitives Eingehen auf kindliche Bedürfnisse gelernt.

Er wollte die Fehler seines Vaters nicht wiederholen. Wir begaben uns also auf die Reise in die Welt seiner inneren Bilder, seiner Gefühle, wir erkundeten seine Körperwahrnehmungen und die Sprache seines Herzens. Es war spannend mitzuerleben, wie leicht es ihm fiel, Zugang zu diesen Ebenen seines Seins zu finden, nur weil er sich selbst die Erlaubnis dazu gegeben hatte. »Typisch männlich« machte er sich einen Übungsplan: vom kleinen zum großen Entdecken. Seine Erfahrungen dabei besprachen wir in regelmäßigen Abständen, um zu präzisieren, was funktionierte und warum. Benedikt lernte, dass es kein Gegensatz ist, wenn man Kopf, Herz und Bauch gleichermaßen berücksichtigt. Sie arbeiten Hand in Hand, wenn man es ihnen gestattet.

Als wir uns zuletzt trafen, brachte er seine Kinder mit. Sie spielten während unseres Gesprächs und waren erkennbar entspannt, so wie der Vater. Er war währenddessen spürbar präsent für die Kinder. Es war schön, diese Harmonie zu beobachten. Da hatte sich etwas grundlegend gewandelt.

# INTUITION
## INS LEBEN BRINGEN

◆

Ob bei der Gesundheit, im Job, in der Partnerschaft oder bei der Erziehung – die Intuition ist
der perfekte Schlüssel für fast alle Lebenslagen.
Darum gibt's hier noch ein paar spezielle
Anregungen für den Alltag.

# MIT DER INTUITION GESUND BLEIBEN

Bei allem Respekt vor Forschung und Wissenschaft bringen mich einige neue Ergebnisse der Hirnforschung und aktuelle Studien doch zum Schmunzeln: Die Intuition im Hinblick auf die eigene Gesundheit ist meist völlig richtig! Was viele Menschen bereits erfolgreich in ihrem Leben praktizieren – und was von Ärzten dennoch oft belächelt wurde –, es hat seine Berechtigung. Es lohnt sich daher, umso mehr auf die innere Stimme und das Bauchgefühl zu hören, auch wenn allgemeingültige Ansichten noch etwas anderes sagen. So zeigt sich in vielen Untersuchungen, dass Menschen, die auf ihre Intuition hören, gesünder, glücklicher und erfolgreicher durchs Leben gehen. Wer mit einer gesundheitlichen Beschwerde auf der Suche nach einer Lösung ist, sitzt oft lange

*»Alles, was zählt, ist die Intuition.«*

ALBERT EINSTEIN

und findet keine Antwort. Grübeln und Nachdenken führen einfach nicht zum gewünschten Ergebnis. Und all die widersprüchlichen Informationen von Ärzten und aus Internetforen machen erst recht verwirrt und verzweifelt.

Inmitten des Grübelns aber spüren wir mit einem Mal vielleicht ein merkwürdiges Gefühl, möglicherweise sogar als Bauchkribbeln wahrnehmbar. Es ist die Intuition, die uns zuflüstert, was wir jetzt tun sollten. Das schmerzhafte Nachdenken hat endlich ein Ende, Erleichterung macht sich breit.

## WERKZEUG ZUM ÜBERLEBEN

Während der Evolution wurde der Mensch dazu befähigt, in kürzester Zeit Entscheidungen zu treffen, die er ohne langes Hinterfragen und Herumgrübeln umsetzen konnte. Es ging immer wieder schlicht und einfach ums Überleben. Daher ist es leicht nachzuvollziehen, weshalb der Mensch mit seiner Intuition ausgestattet wurde, die ihm auch und gerade in gesundheitlichen Fragen immer wieder weiterhilft.

# DER »ZUFALL« FÄLLT DIR ZU

Von vielen Menschen wird eine Bauchentscheidung, die sich als richtig erweist, als Zufall angesehen. Nach dem Motto »Da hast du einfach Glück gehabt« wird Intuition weder hinlänglich geachtet noch gefördert.

Das ist sehr schade, denn wer auf seine Intuition hört, wird im Laufe der Jahre auch aus ihr lernen und Eingebungen immer besser verstehen können. Schon das Wort »Zufall« beschreibt im Grunde sehr gut, was hier geschieht: Denn es fällt dir etwas zu, es wird dir etwas geschenkt. Vielleicht hast du um eine Lösung gebeten oder auch nicht. Aber letztlich ohne dein aktives Zutun ist sie plötzlich da.

Dank dieser »zufälligen Eingebung« öffnet sich eine Tür, die es dir ermöglicht, die richtigen Schritte zu gehen. Während sich die Wissenschaft noch mit Prüfungen herumschlägt, brauchst du keine Beweise für einen wundervollen Mechanismus der Natur: die Intuition.

## Sinnliches

Die Evolution hat deinen Körper mit fünf (oder eher sechs oder sieben?) Sinnen ausgestattet, die als feine Antennen dabei helfen, das intuitive Frühwarn- und Nothilfesystem funktionsfähig zu halten. Der Körper gehört zum Wichtigsten in unserem Leben. Leider beginnen die meisten Menschen aber erst, sich um ihn zu kümmern, wenn er schmerzt und nicht mehr so funktioniert wie gewünscht. Dann jedoch ist es manchmal schon zu spät. Natürlich lässt sich viel reparieren und durch eine künftig gesündere Lebensweise rückgängig machen. Aber besser ist es zweifellos, gar nicht erst krank oder verschlissen zu sein – zumindest soweit sich das durch die Lebensart und den Umgang mit dem Körper beeinflussen lässt. Widme ihm daher Zeit und schenke ihm Aufmerksamkeit. Verfeinere deine Sinne und lass sie zu immer besseren Boten deiner Intuition werden.

# KÖRPERSIGNALE

•

Sorg für die Dauer dieser Übung dafür, dass du nicht gestört wirst. Nimm dir ungefähr eine Viertelstunde Zeit und widme dich der entspannten Wahrnehmung deines Körpers.

► Setz dich zunächst bequem hin, lass den Rücken dabei möglichst aufrecht sein. Entspann dich, atme tief ein und aus und schließ die Augen.

► Nun wandere mit deiner Aufmerksamkeit durch den Körper. Versuch, jeden Körperteil zu spüren, jedes einzelne Organ, alle Körperregionen, die Muskulatur, den Herzschlag, vielleicht ein Grummeln oder Glucksen im Bauch, ein Ziehen im Bein …

► Versuch herauszufinden, ob du diesen Regionen Farben zuordnen kannst. Welche Farbe haben deine Beine? Welche Farbe das Herz? Welche der Bauch oder der Kopf?

► Frag dich, während du in deinen Körper hineinfühlst, ob es da irgendwelche Botschaften an dich gibt. Vielleicht flüstert dir der linke Arm etwas zu? Oder die Milz?

► Öffne am Ende der kleinen Spürübung die Augen und notier deine Erfahrungen. Welche waren dir angenehm? Welche Körperregionen waren stark spürbar? Wo könnte ein besonders guter Zugang zur Intuition sein?

Umgekehrt kann sie dir dann helfen, die Botschaften des Körpers immer besser zu verstehen und so gezielt für sein Wohlbefinden zu sorgen. Das beginnt damit zu spüren, wann du Hunger oder Durst hast und welche Lebensmittel dir jeweils guttun würden. Es geht damit weiter, wie viel Schlaf du regelmäßig brauchst und wie dein idealer Tagesrhythmus aussehen sollte.

## KLARE BOTSCHAFTEN
## DES KÖRPERS

▲

*Sabine, 51, ist eine erfahrene Psycho-
therapeutin, die meinen Rat suchte,
um herauszufinden, wie sie ihre intuitiven Wahrnehmungen als hochsensible Person besser zum Nutzen ihrer
Patienten einsetzen könnte.*

*Zu Beginn unserer Zusammenarbeit
bat ich sie, möglichst viele Situationen
zu erinnern und aufzuschreiben, in
denen ihre Intuition ihr wertvolle
Hinweise für ihre Arbeit mit Menschen gegeben hatte. Diese Gelegenheiten und Ereignisse sprachen wir
dann in aller Ruhe durch.*

*Bei dieser Sitzung wusste ich urplötz-
lich, dass ich einen roten Faden gefunden hatte. Und zwar bemerkte ich es
anhand einer sinnlichen Wahrnehmung: Während Sabine erzählte, wie
ihre Intuition ihr in bestimmten Le-
benssituationen weitergeholfen habe,
kribbelte meine Haut am Hinterkopf.
Ich fragte meine Klientin, ob sie wäh-*

*rend der Sitzungen mit ihren Patien-
ten manchmal ein ungewöhnliches
körperliches Gefühl habe.*

*»Ja«, sagte Sabine und bekam leuch-
tende Augen. »Immer wenn ich eine
starke intuitive Verbindung zu einem
Patienten habe und eine plötzliche
Eingebung bekomme, kribbelt mir am
Kopf die Haut.« Ich fragte sie, wo genau sich das zeige, und bekam zur
Antwort, was ich längst geahnt, weil
selbst gespürt hatte: am Hinterkopf.*

*Sabine wusste von da an, wie sich ihre
Intuition bemerkbar machte – und so
konnte sie sie umso besser in ihrer Arbeit anwenden. Wann immer sie sich
auf einen Patienten einließ, achtete sie
auf die feinen Zeichen ihres Körpers.
Vor allem, wenn sie nicht weiterwuss-
te, konnte sie sich darauf verlassen,
dass sich bald dieses Kribbeln am Hinterkopf einstellte und die Lösung bereits im Raum war.*

## DEIN INNERER HEILER

Es lohnt, sich selbst in »intuitiver Medizin« auszubilden, also das Bauchgefühl in Sachen Gesundheit so weit wie möglich zu schulen. Ganz automatisch wird dabei immer deine individuelle Konstitution beachtet. Die Intuition kennt keine pauschalen Symptom- und Behandlungsbilder. Die jeweilige Beschwerde beschreibt deine Situation – und gleichzeitig trägst du die Lösung bereits in dir. Sie zu finden erfordert jedoch, dass du die Intuition in dir zulässt und ihr folgst. Du kannst sie dir sogar als eine innere Ratgeberinstanz vorstellen. So ähnlich wie den weisen alten Menschen, den du auf Seite 71 kennengelernt hast. Als innerer Heiler hilft dir diese Instanz bei allen Fragen der Gesundheit: vorbeugend und im Akutfall.

ÜBUNG

## KONTAKT MIT DEM INNEREN HEILER

●

Der innere Heiler ist eine enorm wertvolle Instanz in dir. Und das Beste: Du kannst dich jederzeit mit ihm verbinden. Er ist in jeder deiner Zellen, in jedem Organ und Körperteil. Es ist vielleicht lange her, dass du dir sicher warst, dass es diesen Heiler gibt. Oder du kanntest ihn nie.

Es ist nicht zu spät. Lad ihn in dein Leben ein. Er braucht nur ein bisschen Gehör und deinen Mut, dich auf deine Intuition zu verlassen. Denk nicht: »So einfach kann das doch nicht sein! Mein innerer Heiler ist so nah?« Ja, ist er. Such ihn in dir. Vielleicht findest du ihn in der inneren Stille. Vielleicht erscheint er dir jung, vielleicht alt, humorvoll oder ernst.

Beachte, was er dir rät. Manchmal erscheint es logisch oder aber absurd. Vertrau ihm! Wende das, was er empfiehlt, an und beachte die Wirkung.

# MAL RAUS AUS ALLEM!

Bist du beruflich oder privat oder in beiden Bereichen sehr eingespannt und damit auch angespannt, wird es dir vielleicht schwerfallen, dir Auszeiten zu gönnen. Das geht den meisten Menschen so – aber es ist nicht sinnvoll, genau dann auf Pausen zu verzichten, wenn man sie am dringendsten braucht. Tatsächlich wirst du nach einer kurzen oder auch längeren Auszeit wieder erfrischt sein und gelassener sowie konzentrierter deine Arbeit fortsetzen. Manchmal reichen wenige Minuten der Entspannung mit geschlossenen Augen aus, wobei ein Aufenthalt im Freien die Erholung mehr fördert. Beobachte die Natur, die Bäume. Das lenkt dich ab und verleitet für kurze Momente vielleicht sogar zum Träumen. Darüber hinaus bauen Aktivitäten wie Yoga, Pilates, Progressive Muskelentspannung, Autogenes Training und Meditation Spannungen ab und fördern durch das Loslassen auch die Intuitionsfähigkeit. Oder du wählst eine Sportart, die den Ärger, die Anspannung oder blockierende Gedanken auflöst und Raum für Neues entstehen lässt.

## WAS RÄT DIE INTUITION?

Wenn die allgemeine Gesundheit als der Mittelweg im Leben bezeichnet werden kann, dann ist die Krankheit das Abweichen von diesem Weg. Es gilt also, den Weg zur inneren Mitte wieder aufzusuchen. So weit kann man es verallgemeinern: Die Intuition wird uns immer raten, wieder zur Mitte zurückzufinden. Sie wird uns tendenziell meist gestressten Menschen auch immer empfehlen, sich Auszeiten zu nehmen, mal die Seele baumeln zu lassen und das Leben mit allen Sinnen neu genießen zu lernen. Hören wir auf solche Botschaften, werden wir uns nicht nur wohler fühlen, sondern auch gesundheitlich profitieren. Unser Körper liebt es einfach, wenn wir entspannt und rundum gut drauf sind.

*LASS DICH NICHT VERFÜHREN*
Die Bedeutung der Intuition hängt immer auch von dem Zusammenhang ab, in dem sie entsteht, und wie bereits gesagt von der Erfahrung der jeweiligen Person. Wenn du gerade einen Fernsehbericht über eine Flugzeugentführung gesehen hast, spürst du beim Einsteigen in deinen Urlaubsflieger wahrscheinlich ein größeres Unbehagen als ohne diesen Bericht. Deine Intuition wurde gewissermaßen manipuliert.

Und genau das tut auch die Werbung – nicht selten mit allerlei Gesundheitsversprechen. Wenn du unsicher bist, wie es um deinen Körper gerade steht, dann kannst du leicht darauf hereinfallen und teure Produkte oder Geräte kaufen, die du eigentlich gar nicht brauchst. Hier gilt es, wachsam zu sein und auch den Verstand klar und bewusst einzusetzen. Intuition und Ratio, Bauch und Kopf – zusammen wissen sie am besten, was dir wirklich guttut.

## BIST DU UNSICHER: GEGENCHECK

Intuition und Verstand können beide zu richtigen Ergebnissen führen. Zum Beispiel bei Feuerwehrleuten. Wer diesen Beruf gelernt hat und das Knowhow von vielen Einsätzen einbringt, handelt auch unter Stress intuitiv richtig. Feuerwehrleute arbeiten auf der Basis von Wissen und Erfahrung, so geht das Kognitive in das Intuitive über. Für uns im Alltag erfordert die richtige Mischung zwischen Intuition und Ratio, bestimmte Regeln einzuhalten. Deren oberste lautet: Überprüf besonders das, was naheliegend ist, und führ immer einen Gegencheck durch. Lass das Bauchgefühl logischen Fakten standhalten. Und prüf umgekehrt, ob sich das, was der Verstand meint, auch stimmig anfühlt. Mit immer mehr Erfahrung im Zusammenspiel beider Seiten geht dieses Abwägen recht schnell – wie bei der Feuerwehr.

# INTUITIV IM JOB UND BEIM GELD

Das vernunftgeleitete Denken und Handeln hat lange Tradition – und ganz besonders wichtig ist es den meisten in Sachen Beruf und Finanzen. Der Verstand steht im Vordergrund und Gefühle werden in diese Entscheidungen möglichst nicht einbezogen.

## INTUITIVE VERNETZUNG FÜR DEN ERFOLG

Tatsächlich nimmt der Mensch aber weitaus mehr Eindrücke in sich auf, als er gedanklich verarbeiten kann, wie wir bereits wissen. Ein rein rationales Abwägen von Für und Wider kann manchmal durch die Flut von Wissen durchaus zu den vollkommen falschen Entscheidungen führen.

### Es spricht sich herum

Letztlich beziehen die meisten Menschen die Intuition in berufliche Entscheidungen ein – bewusst oder unbewusst. Gerade von Spitzenmanagern weiß man, dass sie Bauchentscheidungen treffen und damit meist richtig liegen. Aber auch jungen Leuten geht es so. Eine amerikanische Studie hat ergeben, dass ganz besonders talentierte Nachwuchskräfte beispielsweise negative Wahrnehmungen nicht ignorieren, sondern sie registrieren, annehmen und sich an eine Lösungsfindung machen.

Was aber heißt das? Sie resignieren nicht, sie stecken nicht den Kopf in den Sand. Nein, begabte Menschen reagieren auf das, was ihnen die innere Stimme zeigt. Was auch immer es sein mag. Diese Studie hat auch ergeben, dass High Potentials ihre Begabungen und Ressourcen sehr intuitiv einsetzen.

> »Die tiefsten Erkenntnisse erreicht man nur durch höchste Sammlung des Geistes. Worte reichen nicht hinunter in diese letzten Gründe, nur intuitive Erleuchtung hilft zum Verständnis.«
>
> KONFUZIUS

## Gleichgesinnt

Was besonders spannend ist: Diese besonders talentierten Menschen informieren sich nicht einfach nur über neue Geschäftsfelder oder innovative Technik. Sie akquirieren darüber hinaus auch gleichgesinnte Menschen, die wie sie über den Tellerrand schauen und mit denen sie über das sprechen können, was sie wahrnehmen. Intuitive Menschen brauchen unbedingt ein persönliches Netzwerk von Unterstützern, die nicht den Kopf schütteln über diesen »anderen« Zugang und die intuitive Interpretation von konkreten Businessdaten. Je mehr ein Intuitiver andere Menschen, die gleich ticken, in seinem Umfeld hat, umso mehr lernt er, auf die eigene Wahrnehmung zu vertrauen.

## Karriereziel mit Herz

Intuitive Menschen treffen ihre Karriereentscheidungen gern mit dem Herzen. Auch wenn Kurskorrekturen bei deiner weiteren beruflichen Entwicklung und ein nächster Karriereschritt anstehen, solltest du die Intuition nutzen, oder besser: eine Kombination von Analyse und Herzensstimme.

ÜBUNG

## DEIN JOBBERATER

●

Auch in deinem beruflichen Umfeld kannst du täglich deine Wahrnehmungsschärfe trainieren. Das beginnt bereits auf dem Weg zur Arbeit. Du kannst damit beginnen, vor dem Losgehen zu Hause in die Welt deiner Intuition einzutauchen und dir vorzustellen, was den Tag über auf dich zukommen wird. Wenn du Besprechungen mit Kunden oder Kollegen hast, kannst du dir vorab bereits vorstellen, was die anderen sagen könnten.

Mit der Zeit wirst du die Treffsicherheit deiner Prognosen ganz sicher erhöhen – und du kannst im wirklichen Gespräch dann umso kompetenter reagieren. Du lernst, auch im Beruf Menschen und Situationen intuitiv richtig einzuschätzen. Davon kannst du auf deinem Weg enorm profitieren.

## *ZU VIEL INFO SCHADET EHER*

Je mehr du weißt, desto verwirrender kann ein Entscheidungsprozess, insbesondere auch in Geldangelegenheiten, sein. Studien zufolge treffen Finanzberater, die sich als Profis in der Welt der Aktienmärkte bestens auskennen, nur in 40 Prozent aller Fälle die richtige Entscheidung, wenn es darum geht, zwischen zwei Aktien zu wählen. Fragt man hingegen Laien auf der Straße, dann liegt die Erfolgsquote sogar bei 50 Prozent, obwohl die Befragten keine Hintergrundinformationen haben und ihre Entscheidung ausschließlich auf Zufall oder auf ihrem Bauchgefühl beruht. Zu viel Faktenwissen kann also sogar hinderlich sein.

# AUCH SO KANN INTUITION AUSSEHEN

Ein gutes Beispiel für die Intuition ist ein Vorfall im Getty-Museum in Kalifornien. Dort wurde dem Direktor in den 1980er-Jahren eine »antike Statue« aus dem alten Griechenland angeboten. Mit rund 10 Millionen Dollar wurde ein stolzer Preis für das zwei Meter hohe Stück verlangt. Bevor die Entscheidung zum Kauf gefällt wurde, wurde die Statue mit den neuesten High-Tech-Verfahren monatelang auf ihre Echtheit untersucht. Irgendwann kamen die Wissenschaftler zu dem Ergebnis, dass die Statue echt sei und einem Kauf nichts im Weg stehen würde. Zugleich begutachteten drei Kunsthistoriker mit viel Berufserfahrung das Objekt. Und die hatten ihre Zweifel. Einer empfand die Fingernägel »merkwürdig«, einem weiteren kam spontan das Wort »frisch« in den Kopf, die dritte Kollegin hatte schlichtweg ein »komisches Gefühl«. Man nahm die Bedenken ernst und ließ die Statue erneut von Experten untersuchen. Diese kamen zu dem Schluss, dass das angebotene Objekt eine Fälschung sei. Ein fataler Fehlkauf wurde somit verhindert – einzig und allein wegen der Intuition dreier Menschen. Teure Technik hatte versagt. Das Bauchgefühl jedoch nicht.

# ERINNERUNGSFITNESS

•

Im Job müssen wir uns oft in kürzester Zeit Daten und Fakten »einverleiben« und darauf aufbauende Entscheidungen treffen, die häufig viele andere Menschen und viel Geld betreffen. Das erfordert ein absolutes Höchstmaß an Konzentration und auch Erfahrung. Zum Glück lässt sich aber auch die Merk- und Wahrnehmungsfähigkeit sehr gut trainieren. Hier eine wirkungsvolle Übung dazu:

▸ Nimm eine Zeitschrift, schlag wahllos eine Seite auf, betrachte sie eine halbe Minute lang und merk dir möglichst viel von dem, was du siehst.

▸ Als Nächstes schließ die Augen und lass das innere Bild dieser Zeitschriftenseite deutlich in dir aufsteigen. Lass alles auftauchen, was du gesehen hast, und beschreib so präzise wie möglich, woran du dich erinnerst. Vielen Menschen fällt diese Übung zu Beginn erst einmal sehr schwer. Aber je länger du übst, umso leichter wird es für dich sein, dich auch an Kleinigkeiten zu erinnern.

## Vergiss das Intuitive nicht!

Entscheidungen können einen schon mal in den Wahnsinn treiben – und sie werden umso schwieriger, wenn man die Intuition dabei ausschaltet. Weder ein Zuviel an Fakten noch ein Zuviel an Überlegungen hilft weiter. Was du aber sicherlich kennst, ist das Gefühl, sofort zu wissen, wo es dich als Nächstes hinzieht und welches für dich die richtige Vorgehensweise ist. In so einem Fall hast du der Intuition freien Lauf gelassen und in den meisten Fällen entpuppt sich diese Gangart im Nachhinein als richtig. Nutze diese Fähigkeit unbedingt auch beruflich!

# DER NEUE JOB

Susanne, 43, ist glücklich verheiratet, Mutter von zwei Töchtern und Ärztin. Ihre Intuition ist ihr bereits als Jugendliche bewusst geworden und sie hatte gelernt, ihr zu vertrauen. Seit vielen Monaten war sie nun aber bereits sehr unglücklich in dem Krankenhaus, in dem sie angestellt war. Die Arbeitspläne wurden praktisch nie eingehalten, sie hatte viel zu wenig Zeit für ihre Familie und fühlte sich zunehmend unzufrieden. Bisher waren alle ihre Bewerbungsversuche an anderen Krankenhäusern erfolglos geblieben. Nichts ging voran, sie schien festzustecken.

Da beschloss sie, für ein langes Wochenende nicht mehr an ihr Problem zu denken und nicht mehr darüber zu grübeln, welche Jobperspektiven für sie machbar wären. Susanne beschloss, in die Berge zu fahren, in Ruhe wandern zu gehen, ganz allein. Zuvor bat sie ihre Intuition um ein Zeichen. Sie hatte schon vor vielen Jahren erkannt, dass es sehr nützlich war, wenn sie ihre intuitiven Wahrnehmungen direkt einlud und um Hilfe bat. In der Stille der Berge sah sie nun immer wieder Bilder von gemütlichen Praxisräumen vor sich und sie hatte einen Geruch in der Nase, der sich deutlich von dem in Krankenhäusern unterschied. Das brachte sie auf eine ganz neue Idee.

Sie beschloss, ihre Fühler in einem viel weiteren Radius auszustrecken und sich nicht mehr nur nach einem neuen Job in einem Krankenhaus zu bewerben. Innerhalb der nächsten Woche verschickte sie einige Bewerbungen an Gemeinschaftspraxen, die eine weitere Ärztin suchten. Und das erste Bewerbungsgespräch führte sie in genau die Räume, die sie auf ihrer Wanderung gesehen hatte. Sie sagte zu und ist auch heute noch, viele Jahre später, sehr glücklich über diese Arbeitsstelle.

# NUTZ DEINE KERNKOMPETENZEN

Dein Unterbewusstsein speichert natürlich auch all deine Erfolge ab. Und besonders gern behält es die im Sinn, die aufgrund einer Intuition zustande kamen. Besteht wieder einmal ein Problem, liefert dir das Unterbewusstsein zuerst die Ideen, die in der Vergangenheit schon mal erfolgreich waren. Auf deine Intuition kannst du daher besonders gut vertrauen, wenn du bereits viel Erfahrung in einer Angelegenheit (zum Beispiel mit Herstellungsprozessen in deiner Firma) oder mit einer Fähigkeit (etwa Schlittschuhlaufen) gesammelt hast. Denn sie integriert bereits errungene Erfolge und liefert dir auf der Basis deiner ganzen Lebenserfahrungen im entscheidenden Moment die beste Eingebung, die optimale Lösung.

## SPRICH DIE EINLADUNG AUS

Wie du schon an einigen Fallbeispielen hier im Buch gesehen hast: Die Intuition lässt sich gern direkt einladen und um Hilfe bitten. Okay, das ist etwas vermenschlicht ausgedrückt. Denn letztlich ist es so, dass du mit einer ausgesprochenen Bitte an die Intuition dein Bewusstsein für sie schärfst. Du richtest deinen Fokus darauf aus, von dieser nicht rationalen Seite eine Antwort auf deine aktuelle Fragestellung oder eine Lösung für dein Problem zu bekommen. Damit weitest du dich innerlich so sehr, dass die Herzensstimme oder das Bauchgefühl dann tatsächlich deutlich leichter zu deinem Bewusstsein vordringen kann. Wenn du – wie hier schon mehrfach geübt – in deine Intuition eingetaucht bist, kannst du sogar all die Informationen deines Unterbewusstseins und die des kollektiven Unbewussten zu dir einladen, sofern sie dir bei der momentanen Fragestellung helfen können. Lass dann alle Erwartungen los. Lass einfach geschehen. Beobachte, welche Informationen in deinem Geist auftauchen. Ob als Idee, als Song, als Bild oder Wort, als Geruch, Gefühl oder Empfindung. Ebenfalls intuitiv wirst du wissen, was du mit dieser Information anfangen und wie du sie auf dein Problem oder die zu treffende Entscheidung beziehen kannst.

## ERSTE SCHRITTE AUF NEULAND

Erfahrung hilft zweifellos, auch bei einer intuitiven Problemlösung voranzukommen. Jedoch kannst du sie auch auf absolutem Neuland einsetzen, beispielsweise bei der Jobsuche oder als noch etwas unsicherer Berufsanfänger. Als Erstes solltest du dich gründlich über potenzielle Arbeitgeber informieren. Auch Freunde und Familie können dir vielleicht einen Rat geben und dir zusätzliche wertvolle Informationen liefern. All das füllt deine inneren Wissens- und Erfahrungsspeicher auf.

In der entscheidenden Situation, wie beispielsweise im Bewerbungsgespräch oder bei Verhandlungen mit Vorgesetzten, Lieferanten oder Mitarbeitern, brauchst du dann nicht mehr über die vielen Informationen nachzudenken, denn sie haben sich bereits in deinem Unbewussten verankert. Stattdessen achtest du auf spontane Eingebungen und bist im Jetzt offen für alles, was sich zeigt. So wirst du relativ entspannt und souverän wirken und mit hoher Wahrscheinlichkeit richtige Entscheidungen treffen.

# DIE INTUITION ALS LIEBESRATGEBER

Eine glückliche und erfüllende Partnerschaft zählt für viele Menschen zu den wichtigsten Bestandteilen eines zufriedenen Lebens. Du kannst eine ganze Reihe von wichtigen Tipps beachten, um bei der Partnerwahl die richtige Entscheidung zu treffen. Im Rahmen einer Langzeitstudie erwies sich allerdings die Intuition als zuverlässigster Glückskompass bei der Suche nach dem Mann oder der Frau fürs Leben.

## *EHEN IM TEST*

James McNulty und einige weitere namhafte US-Forscher führten eine Studie über die Gefühlslage von Menschen in fester Partnerschaft durch. Die Wissenschaftler hatten es sich zur Aufgabe gemacht, das Gefühlsleben von Eheleuten zu analysieren. Zu diesem Zweck unterzogen sie insgesamt 135 Paare verschiedenen Tests. Grundsätzlich unterteilte sich der Versuch in zwei Teile. Ein schriftlich auszufüllender Fragebogen sollte dabei die »offizielle« Meinung der Teilnehmer zum Ausdruck bringen: Hier sollte die Part-nerschaft mit Adjektiven beschrieben und die Zufriedenheit mit dem Partner auf einer Skala bewertet werden. Der zweite Teil, der psychologische Test, diente der Aufdeckung unterdrückter Gefühle und verborgener Einstellungen. Dabei kam ein System zum Einsatz, das sich in der Vergangenheit schon in vielen wissenschaftlichen Versuchen bewährt hat: Den Teilnehmern wurden für den Bruchteil einer Sekunde Fotos des Ehepartners gezeigt. Danach erschienen auf dem Bildschirm positiv oder negativ besetzte Wörter, die innerhalb kürzester Zeit per Knopfdruck zugeordnet werden mussten.

## Langfristig oft kritisch

Das Bauchgefühl hat auch hier eine große Bedeutung. Die Resultate der Studie zeigten einen drastischen Unterschied zwischen dem inneren Gefühlsleben und der nach außen gelebten Meinung. Das bedeutet konkret: Viele Paare geben sich das Ja-Wort, obwohl sie unterbewusst ganz genau wissen, dass sie nicht füreinander bestimmt sind. So wichen die Ergebnisse der schriftlichen Bewertungen oft deutlich von denen des psychologischen Tests ab.

Weiterführende Untersuchungen verdeutlichten die Aussagekraft der unterdrückten Empfindungen. Demzufolge stellte sich in späteren Analysen heraus, dass Teilnehmer, die im Zuge des Tests eine unterbewusste Negativhaltung zu ihrem Partner offenbarten, schon bald Eheprobleme und Trennungsgedanken hatten. Die Forschungen basieren dabei auf einem Zeitraum von vier Jahren, denn die Wissenschaftler wussten, dass die menschlichen Bindungs- und Glückshormone innerhalb von 18 Monaten Schritt für Schritt abnehmen.

### Bei der Partnersuche zählt das Bauchgefühl

Die Testreihe ist ein Beweis für die Macht der Intuition. Aber was genau kannst du aus der Studie lernen? Nur wenn du ohne Einschränkungen und Vorbehalte eine Beziehung eingehst, kannst du langfristig glücklich sein.

## TANZ DER INTUITION

Gerade für uns Frauen ist es eine wunderbare Möglichkeit, unsere Intuition zu verfeinern, indem wir uns voll und ganz der Führung eines Partners im Tanz hingeben. Besuch einen Tanzkurs, in dem du Tänze lernst, bei denen der Mann deutlich führen muss. Wir Frauen müssen nichts tun. Wir müssen nichts entscheiden. Wir dürfen folgen und uns auf den Moment einlassen. Mit vielen modernen Frauen habe ich die Erfahrung gemacht, dass es ihnen schwerfällt, sich der Führung eines Mannes ganz hinzugeben, denn sie sind es gewohnt, selbst die Macherin zu sein. Diese Frauen sind oft getrieben von einem klugen Verstand und haben den Zugang zu ihrer intuitiven Wahrnehmung verloren. Im Tanz lässt sie sich wiederfinden.

### Erst Klarheit schaffen

Falls das Gefühl nicht stimmt, sind auch augenscheinliche Traumpartner mit allen äußeren Wunschattributen nicht die richtige Wahl. Du solltest deine Gefühlswelt niemals unterdrücken, sondern als wichtigste und ausschlaggebende Orientierung bei der Suche nach deinem perfekten Gegenstück ansehen. Darüber hinaus zeigt die Studie, dass du deine Gedanken klar sortieren solltest, bevor du dich zu einem großen Schritt wie der Hochzeit entscheidest. Der ehrliche Umgang mit sich selbst und den eigenen Wünschen ist dabei von zentraler Bedeutung. Die folgende Frage ist eine von vielen Möglichkeiten, um sich der Sprache des Herzens zu nähern. Und bei allem Durcheinander im eigenen Inneren: Beantworte sie ehrlich!

*Sehne ich mich einfach nur nach stabilen Verhältnissen oder will ich wirklich mit genau diesem Menschen mein ganzes restliches Leben verbringen?*

### Und das Aussehen?

Für die Wahl des Partners spielt zwar auch das Aussehen eine Rolle, aber die Signale aus dem Unbewussten und die Herzenssprache Intuition wirken viel stärker. Du musst nicht darüber nachdenken, denn mit dem Verstand hat das nichts zu tun. Du nimmst die Signale ganz intuitiv wahr, sodass du bereits nach Sekunden weißt, ob dir ein Mensch sympathisch ist oder nicht. Wir sind alle so intuitiv, dass wir sofort alle wirklich wesentlichen Informationen über den Menschen vor uns wahrnehmen, auch wenn wir uns darüber oft nicht im Klaren sind.

### LIEBE AUF DEN ERSTEN BLICK

Wenn du jemals eine »Liebe auf den ersten Blick« erlebt hast, dann hast du intuitiv so schnell reagiert, dass du dich gleich verliebt hast, ohne auch nur einen Moment nachzudenken. Für diese Wahrnehmung beurteilen wir keinesfalls nur das Aussehen des anderen Menschen, sondern reagieren auf die Körpersprache, den Duft, das Sprechen, die Ausstrahlung und wie das Gegenüber insgesamt in seiner verbalen und

## NACH INNEN LAUSCHEN

Was ist das Thema, das dich derzeit am meisten beschäftigt? Vielleicht hat es tatsächlich mit Partnerschaft oder Partnersuche zu tun? Mach damit eine kleine Intuitionsübung:

▸ Tauch ein in die Welt deiner Intuition, wie du es bereits gelernt hast, und fokussiere dich auf dieses Thema. Lass den Verstand derweil beiseite. Wenn Gedanken kommen, lass sie einfach weiterziehen und beachte sie nicht weiter. Du willst jetzt die andere Seite erfahren: Empfindungen und die innere Stimme.

▸ Bitte also den Verstand, jetzt Ruhe zu geben, und öffne dich ganz bewusst den Welten deines Herzens und deines Bauches. Beobachte aufmerksam, welche Botschaften du von dort bekommst. So einfach.

nonverbalen Kommunikation agiert. Die Intuition ist höchst aktiv. In der Kindheit vertrautest du deinen Eltern und anderen Menschen in deinem Umfeld intuitiv. Das ging so lange gut, wie diese sich als verlässlich, positiv und förderlich für dich erwiesen.

Aber wie jedes Kind lerntest du auch gebrochene Versprechen, entlarvte Lügen (zumindest Notlügen), Ablehnung und mangelnde Wertschätzung kennen.

Je älter du wurdest, umso vorsichtiger wurdest du dann vielleicht mit neuen Bekanntschaften.

Eine Ausnahme sind Liebesbeziehungen, die aufgrund eines tiefen intuitiven Erkennens entstehen – eben auf den ersten Blick. Es ist unerklärlich, aber da ist jemand, dem du intuitiv vertraust, noch ganz ohne ihn zu kennen. Es gibt keinen Grund dafür, den der Verstand in Worte fassen könnte.

# ALLES NUR GETRÄUMT ...

▲

Marie, 29, war seit einem halben Jahr glücklich mit Andreas in einer Fernbeziehung. Er stammte aus Hamburg, Marie lebte in Mainz. Da beide selbstständig waren, konnten sie ihre Zeit gut selbst einteilen. Sie koordinierten die Zeiten, die sie gemeinsam verbrachten, in bester Harmonie.

Manchmal ließ sich jedoch eine längere Trennung nicht vermeiden. Als Andreas einmal ein Wochenende in Hamburg verbrachte, während Marie zu Hause geblieben war, träumte sie in der Nacht, dass sie Andreas mit einer anderen Frau im Bett sah. Sie hatte viele Details an der Frau wahrgenommen, ebenso an der Umgebung. Am nächsten Morgen erzählte sie Andreas am Telefon davon. Er sagte: »Wie schön, dass das alles nur geträumt ist.« Er nahm den Traum auf die leichte Schulter und scherzte, dass er lieber mit einer schicken blonden Frau im Bett gewesen wäre als allein und dann auch noch mit einer ausgewachsenen Erkältung. Damit war für Marie das Thema erledigt.

Monate später besuchte sie ihren Andreas in Hamburg. Am Abend waren sie auf eine Geburtstagsfeier bei Freunden von ihm eingeladen. Marie ging vor Andreas die Treppe hoch. Oben öffnete eine Frau die Tür und Marie erschrak: Es war genau die Frau, die sie in jener Nacht gesehen hatte. In ihrem Tagebuch hatte sie alle Details ihres Traumes notiert. Das Aussehen der Frau, die Wohnung und das Schlafzimmer. Es war sofort klar, dass sie einen starken intuitiven Traum gehabt hatte, der die Wahrheit zeigte. Sie hatte so wenig Zweifel daran und konnte durch ihr Tagebuch zeigen, was sie gesehen hatte, dass auch Andreas erkannte, das Leugnen keinen Sinn mehr machte. Er gestand, dass Marie geträumt hatte, was in jener Nacht wirklich geschehen war.

## SCHLUSS MIT MASKERADEN

Wer flirtet, benutzt dafür meist eine mehr oder weniger sympathische Maske. Für das harmlose, bedeutungslose Spiel ist es höchstens ein Ausprobieren, gepaart mit einem Hauch Neugier auf die Wirkung. Möchtest du jedoch, dass aus einer ersten Verliebtheit eine wahre Liebe ohne Limit wird, kann eine vorher eingeübte Maske schnell Enttäuschung verursachen. Deshalb ist es immer sinnvoll, ehrlich zu sein und wirklich sich selbst zu zeigen.

### Geh nach dem Herzen

Deine Intuition wird dich feinfühlig dahin führen, immer zu wissen, was angebracht ist. Manchmal kann Schweigen eine Verletzung verhindern, manchmal ein falsches Wort das frisch entstandene Vertrauen zum Gegenüber wieder untergraben. Am besten versuchst du nicht, eine Situation mit dem Verstand abzuwägen, sondern nimmst deinen Mut zusammen und gehst das Risiko einfach ein, direkt anzusprechen, was dir wichtig ist. Das ist für jede Begegnung belebend und baut umso mehr Vertrauen auf.

ÜBUNG

## BEACHTE DIE TRÄUME

Oftmals verraten uns Träume das Wesentliche – gerade auch in Sachen Beziehung. Viele Menschen erinnern sich nicht an ihre Träume, aber es kann wirklich jeder zum Traumexperten werden, wenn er seine Wahrnehmung dafür schult. Beginn am besten, ein Traumtagebuch zu schreiben: Hab auf dem Nachttisch immer ein Notizbuch mit einem Stift liegen. Notier dir deine Träume jeden Morgen in den ersten Sekunden nach dem Aufwachen. Dann sind die Erinnerungen meist noch sehr präsent. Vielleicht sind es nur Bruchstücke – aber während des Aufschreibens puzzelt sich oft ein ganzes Bild zusammen. Erwarte aber nicht gleich sinnvolle Botschaften. Das Tagebuch vertieft zunächst nur deinen Zugang zum Unterbewusstsein.

# DAS RESONANZPRINZIP

Meine Oma hat immer gesagt: »Wie du in den Wald hineinrufst, so schallt es auch zurück.« Und sie hatte so recht, die einfache westfälische Bäuerin, die weder die Quantenphysik noch den Kategorischen Imperativ kannte.

Wir alle rufen ständig bewusst oder unbewusst Dinge in den besagten Wald. Oder sagen wir besser: in die Welt. Damit sind aber natürlich nicht nur unsere Worte gemeint, sondern noch mehr unsere Taten. Hast du schon einmal bemerkt, was passiert, wenn du dich zu einer Gruppe energiegeladener, positiver Menschen gesellst? Deine Stimmung beginnt sich positiv zu verändern. Und umgekehrt: Wenn du gut drauf bist, werden mit der Zeit auch die Menschen in deiner Gegenwart freundlicher und motivierter. Das ist ein Beispiel für das Resonanzprinzip, das du sehr leicht auf Liebesbeziehungen übertragen kannst. Welche Menschen ziehst du also an? Auf welche »fliegt« deine Liebe?

## EINE PARTNERSCHAFT WAGEN

Zu Beginn einer neuen Liebe geschieht fast alles zwischen zwei Menschen intuitiv. Es sind kaum Worte nötig und selbst Außenstehende merken, dass zwei hier vollkommen eins sind. Das ist das Besondere an Beziehungen, die der Herzenssprache folgen. Es unterscheidet sie deutlich von den aus rein rationalen Beweggründen entstandenen Partnerschaften, die ja letztlich nur Interessensgemeinschaften sind.

## Die große Herausforderung Alltag

Sobald auch in eine intuitive Liebe der Alltag einkehrt, gewinnen allerdings Ängste, Zweifel und Missverständnisse gelegentlich die Oberhand. Heilsam sind dann vor allem offene Worte. Sie geben beiden die Möglichkeit, das Vertrauen zueinander zu stärken. Denn deinen Mut, offen über deine Zweifel zu sprechen, belohnt ein liebender Partner mit eigener Offenheit. So wird wirkliche Begegnung möglich.

## Vertrauen schaffen

Natürlich kennen fast alle Partnerschaften den Zustand der »Tonstörung«. Dieses hilflose Schweigen entsteht dann, wenn offene Worte nicht beantwortet werden. Aus einer vernünftigen Auseinandersetzung kann eine hoffnungslos scheinende Krise entstehen.

Aber auch hier hast du Möglichkeiten, intuitiv und möglichst auch ein bisschen humorvoll auf deinen Partner zuzugehen – wenn du gelernt hast, auf deine Herzensstimme zu hören. Kleinen Gesten der Aufmerksamkeit hat seit Menschengedenken noch kein Streit widerstehen können.

# WIEDER IN FLUSS KOMMEN

Wenn du in einer festgefahrenen Situation bist, lade ich dich zu einem Perspektivwechsel ein. Mach mal das Gegenteil von dem, was du normalerweise tust. Bist du fordernd, sei jetzt nachgiebig. Bist du für gewöhnlich abwartend, geh mal mit einem Vorschlag voran, ergreif die Initiative. Sei neugierig, was sich jetzt verändern wird. Du wirst so leicht aus altbekannten Teufelskreisen ausbrechen können.

Ein einfaches Beispiel, das ich hierzu gern nenne: Menschen, die uns in Gesprächen hetzen und unterbrechen, bewirken meist, dass wir schneller reden und den anderen ebenso unterbrechen. Es ist geradezu ansteckend. Das Gegenteil zu tun heißt in diesem Fall, bewusst zu bremsen, längere Pausen einzuschalten, mehr zu überlegen, mehr zu wiederholen.

Unerwartetes Verhalten ist in eingefahrenen Beziehungen sehr hilfreich. Es rüttelt wach, verblüfft und ermöglicht so wieder echte Begegnung. Das Miteinander kommt wieder in Fluss.

Eine gewisse Verschlossenheit im Umgang miteinander ist ein Grund dafür, weshalb so viele Beziehungen früher oder später scheitern. Zugegeben, das Leben wirft einem offenen Miteinander viele mentale Steine in den Weg. Aber nur durch den Mut zur Offenheit gelingt es, daraus keine unüberwindliche Mauer wachsen zu lassen.

Vertrau in deine Intuition und du wirst (immer öfter) erkennen, was jetzt für euch beide wirklich wichtig ist und wie du die innere Offenheit für den anderen ebenso wie für deine Bedürfnisse erhalten kannst. Du behältst eine grundlegend optimistische Lösungsorientiertheit in eurer Krise.

## Umgang mit Emotionen

Mach dir aber auch nicht vor, dass es niemals zu Streit kommen dürfe. Auch Wut und Ärger sind berechtigte Emotionen. Die Frage ist nur, wie du mit ihnen umgehst. Die Übung rechts zeigt dir dafür einen ungewöhnlichen, aber sehr wirkungsvollen Weg.

## HINGABE IST LIEBE

Achtsames Tun und Vertrauen in die Intuition führen letztlich zu etwas Wunderbarem: zu Hingabe an die Liebe und das Leben. Frag dich einmal: Was bedeutet für dich Hingabe? Welche Widerstände kennst du, die das vollständige Einverstandensein mit dem, was das Leben dir gerade zeigt, verhindern? In welchen Momenten fällt dir die annehmende Haltung schwer? Du kannst es üben. Lausch nach innen, hör der Stimme deines Herzens zu. Sei achtsam und spür, ob sich Widerstände gegen das regen, was der Augenblick dir bringt. Immer wenn du es vermeidest, dich einer konkreten Situation hinzugeben, dann lohnt es sich, mehr auf das zu hören, was deine Intuition dir sagt, als auf die Gedanken aus dem Verstand.

# ÄRGERSENSOR

•

Wenn du gerade einen ärgerlichen Konflikt erlebst, nimm dir etwas Zeit für dich, um ihn in dir aufzulösen.

▸ Du kennst es schon: Setz dich entspannt hin, atme tief ein und aus, schließ die Augen und sei ganz entspannt im Hier und Jetzt.

▸ Beschließ, dass du jetzt mit deiner inneren Kraft und deinem Bewusstsein diesen Konflikt in deinem Leben wandeln wirst.

▸ Realisier zunächst, welche Gefühle in dir auftauchen, wenn du an diesen Konflikt denkst. Bemerk auch, wie sich diese Gefühle in dir Raum nehmen, dass du aber nicht diese Gefühle bist. Du kannst sie spüren, aber du bist nicht identisch mit ihnen.

▸ Betrachte diesen Konflikt nun noch stärker aus der übergeordneten Warte: Welche Kraft existiert noch? Was ist außer Konflikt noch da? Wer ist in diese Sache verwickelt? Wer reagiert? Spürst du, wie du einen Abstand gewinnst? Er wird dir helfen, die Sache nicht mehr zu wichtig zu nehmen und der Intuition und dem liebenden Herzen Raum für eine Lösung zu lassen.

Wir alle werden lebenslang immer wieder an Grenzen stoßen, heftige Gefühle, Unsicherheiten und bohrende Fragen aushalten müssen. Aber wer einen Werkzeugkasten mit ein paar erprobten Übungen bei sich hat, kann sich immer wieder schnell in die eigene Mitte bringen – dorthin, wo seine Kraft zu Hause ist und wo der Zugang zur Intuition am leichtesten fällt. Gerade in unseren Liebesbeziehungen, die unser Gefühlsleben im Positiven wie im Schmerzhaften wie kaum etwas anderes beeinflussen, ist dies enorm wichtig.

## BEZIEHUNGSGLÜCK LEBEN

Die Intuition hilft Beziehungen natürlich nicht nur in Krisenfällen. Im Gegenteil: Mit ihrer Hilfe kann es uns gelingen, wirklich erfüllt mit dem Menschen an unserer Seite zu leben. Dafür ist es nötig, den anderen immer wieder neu wirklich wahrzunehmen und mit ihm zu kommunizieren. So schön es ist, mit Partner oder Partnerin gemeinsam zu leben, so anstrengend kann das zeitweise auch sein. Schließlich lebt jeder Partner in einer doppelten Wirklichkeit – nämlich immer auch in der Welt des Partners. Und natürlich ist es sinnvoll, stets neben der eigenen auch die Realität des anderen im Blick zu haben. Wem es gelingt, mit seinem Partner einen feinsinnigen und intuitiven Dialog aufzubauen, der wird das Fundament für eine stabile und vor allem dauerhafte Partnerschaft legen.

ÜBUNG

# DAS ZWIEGESPRÄCH

•

Viele Partnerschaften ersticken an Langeweile und an Schweigsamkeit. Daher ist das regelmäßige Zwiegespräch zum Erhalt einer lebendigen Beziehung unbedingt wichtig. Aber: Das Zwiegespräch sollte nicht nur in Krisensituationen eingesetzt werden, sondern zur ganz normalen Liebesvorsorge jeder Paarbeziehung zählen! Ich empfehle dieses Ritual als Bestandteil jeder Partnerschaft und eben nicht erst, wenn das Kind in den Brunnen gefallen ist. Nehmt euch regelmäßig Zeit füreinander. Wechselt euch mit Sprechen ab und unterbrecht euch nicht. Je greifbarer Worte werden, desto eher ist der Partner in der Lage, diese für sich anzunehmen, Lob und Kritik zu verarbeiten und sich auf den anderen einzulassen.

# ERZIEHUNG MIT BAUCHGEFÜHL

Ob Handys, Notebooks oder Webshops: Sie alle sollen intuitiv zu bedienen sein, ellenlange Gebrauchsanweisungen hingegen sind out. Schließlich ist die Intuition erwiesenermaßen sehr schnell – und damit in unserer Gesellschaft heute sehr erwünscht. Höchste Zeit, sie auf die anderen Lebensfelder vermehrt anzuwenden. Idealerweise auch bei der Kindererziehung, nicht zuletzt deshalb, weil es in vielen Eltern-Kind-Situationen auf rasches Reagieren ankommt.

## *RATIONALE PLEITE UND INTUITIVE ERFOLGE*

Entscheidungen begleiten dich dein ganzes Leben lang. Auch in deiner Rolle als Mutter oder Vater eines Kindes bist du ständig dabei, Entschlüsse zu fassen und Ja oder Nein zu sagen. Ein Beispiel: Hat dein Kind das entsprechende Alter erreicht, musst du einen Kindergarten und später eine Schule suchen, die es besuchen soll. Immer wieder stellen Eltern im Nachhinein mit Bedauern fest, dabei eine Pleite erlebt zu haben, weil sie nicht auf ihr Bauchgefühl hörten.

Dass sich die Intuition oft als richtig erweist, verdeutlichen auch andere Beispiele: So berichten viele Mütter und Väter, dass Entscheidungen, die aus plötzlichen Eingebungen heraus zustande kamen, oft die erhofften Folgen mit sich brachten – sei es in Bezug auf das Au-pair-Mädchen, das sich »wie erwartet« als äußerst liebevoll und geeignet erwies, oder hinsichtlich des Klavierlehrers, bei dem sich das Kind wohlfühlte und gern lernte.

## Schnell und einfach intuitiv agieren

Das empfiehlt der Intuitionsexperte Prof. Gerd Gigerenzer vom Berliner Max-Planck-Institut für Bildungsforschung. Schnell und einfach – das ist es, was das Bauchgefühl auch seinen Erkenntnissen nach auszeichnet. Es führe manchmal innerhalb von Sekunden zu Entscheidungen – ohne den Umweg über den eher schwerfälligen Verstand. Und: Die auf diese Weise gefassten Entschlüsse seien häufig besser als jene, die nach langem Überlegen entstünden. Bei der Intuition handelt es sich um einen

Entscheidungshelfer, bei dem man sich durchaus auch selbst Mühe geben muss. Der deutsch-britische Hirnforscher John-Dylan Haynes vom Berliner Centre for Computational Neuroscience erklärt, dass Eingebungen dem Menschen nur dann helfen können, wenn er sich zuvor bereits einmal oder mehrfach intensiv mit einem der aktuellen Schwierigkeit ähnlichen Problem auseinandergesetzt hat. Erfahrung lautet also das Zauberwort. Und das heißt für die Erziehung: Vertraue darauf, dass du immer besser darin wirst, die Intuition mit einzubeziehen. Zweifelsohne funktioniert deine Gabe, dich in dein Kind hineinzuversetzen, zu fühlen, was es fühlt, und es manchmal vielleicht sogar besser zu verstehen als es sich selbst, nur mit Unterstützung des Bauchgefühls.

## FÜHL DEIN KIND

Das spontane Wissen, was für deinen Sprössling im jeweiligen Moment richtig oder falsch ist, folgt keiner bestimmten Anleitung von außen. Ver-

ÜBUNG

# SPIEL MIT DEINEM KIND

•

Du lernst sehr schnell, dich intuitiv in dein Kind einzufühlen, wenn du mit ihm spielst. Es ist dabei völlig unwichtig, was ihr spielt. Es geht ums Spielen an sich und darum, dass du dich dabei in dein Kind einfühlst und spürst, was in ihm vorgeht: Will es unbedingt gewinnen? Verzagt es leicht und will es schnell aufgeben? Kann es sich unbändig freuen? Will es andere gewinnen lassen? Neigt es zur Wut, wenn mal was nicht klappt? Nimmt es Rücksicht, schummelt es, erkennt es Vorteile und kann es diese nutzen?
Vergiss nicht, selbst Spaß beim Spielen mit deinem Kind zu haben.

## INTUITION IST KEIN AFFEKT

Wenngleich Einfühlungsvermögen und Intuition als wesentliches Merkmal die Spontaneität aufweisen, haben sie dennoch nichts mit der weitverbreiteten Aufforderung zu tun, den Gefühlen einfach freien Lauf zu lassen. Im Gegenteil: Intuition fordert, die unerwünschte Ausprägung des Spontanen, nämlich den Affekt, im Zaum zu halten. Er ist es, der Eltern in Windeseile auf die Palme, zum Schimpfen und zu übertriebenen beziehungsweise ungerechten Reaktionen treibt, die sie später oft bereuen.

Übrigens haben tendenziell kopflastige Menschen in diesem Punkt einen deutlichen Vorteil gegenüber sehr intuitiv agierenden Eltern: Sie tun sich wesentlich leichter, Affekte zu kontrollieren und nicht gleich auszuagieren. Es empfiehlt sich, zwar auf den Bauch zu hören, ihn ernst zu nehmen und die finale Entscheidung in großen Fragen zu weiten Teilen von ihm abhängig zu machen, aber dennoch auch die Vernunft stets eingeschaltet zu lassen. Sie dient dann als eine Art Aufseher, der verhindert, dass Intuition und Gefühl auf eine falsche Fährte locken.

antwortlich für dein Gespür ist deine Erfahrung, die du beispielsweise selbst in deiner Kindheit oder auch im späteren Verlauf deines Lebens gesammelt und im Unterbewusstsein abgespeichert hast. Und natürlich kommt auch der sprichwörtliche siebte Sinn dazu. Von Anfang an verbindet dich und dein Kind eine emotionale Nähe. Die zeigt sich auch im sogenannten Spiegelungsverhalten. Sieh dir nur Mama und Säugling an: Nach dem Stillen kommt irgendwann der Tag, an dem die Mutter ihrem Baby den ersten Brei füttert. Intuitiv, also ohne es bewusst zu merken, öffnet sie den Mund – und der Sprössling tut es ihr gleich, um die Nahrung aufzunehmen.

### Wissen, was guttut

Durch den emotionalen Einklang mit ihrem Kind wissen – zumindest halbwegs achtsame – Eltern auch später, wenn das Kind schon ein paar mehr Jahre auf der Welt verbracht hat, wann es an der Zeit ist, es still in den Arm zu nehmen, ohne es zu verhören oder ihm gar eine »Predigt« abzuhalten. Jedes Bauchgefühl sollte bei der Kindererziehung Beachtung finden, denn in der Regel liegen Eltern mit ihrer Intuition vollkommen richtig. Sie spüren einfach unwillkürlich, was ihrem Kind guttut.

### Bauch + Kopf

Erziehung mit Bauchgefühl und Ratio ist das Ideal. Die Intuition liefert Faustregeln, die dir schnell und zuverlässig als geeignete Erziehungsmaßnahmen ins Bewusstsein treten. Bei diesen Faustregeln handelt es sich nicht um detaillierte Lösungsanweisungen für jedes Problem. Stattdessen fungieren sie als eine Art Schnellrezepte des Gehirns, die gewährleisten, dass du – wie fast jeder andere Mensch auch – in beeindruckenden 90 Prozent der Fälle gut zurechtkommst.

## HIRN-HYGIENE

Wir kennen neben der Körperhygiene auch die mentale und die emotionale Hygiene. Wähl also sorgfältig aus, womit du dich auseinandersetzt, was du in dein Hirn strömen lässt und was du bewusst meidest. Hinsichtlich der Erziehung lohnt es sich, Bücher über die Entwicklungsphasen eines Kindes zu studieren. Aber bedenke, dass manche Erziehungsratgeber bestimmte – und leider oft recht starre – Methoden favorisieren, die Trends unterworfen sind. Auch hier: Folge deiner Intuition!

Wut    Ärger

GROLL

Diese Schnellrezepte fallen nicht einfach vom Himmel. Sie sind das Resultat deines Lebenswegs, all dessen, was du auf deiner Erdenreise erfahren und lernen durftest oder musstest. Diese Tatsache legt wiederum nahe, dass du deinen Geist beständig füttern solltest, um deine Intuition – für die Kindererziehung ebenso wie jeden anderen Bereich – zu schulen und zu verbessern.

### Ohne Intuition geht nichts

Auf den ersten Blick scheinen Eltern, die bei der Erziehung stark dem Bauch folgen, eine meilenweite Distanz zu solchen Müttern und Vätern zu haben, die sehr kopflastig handeln. Bei genauerer Betrachtung ist der Unterschied jedoch gar nicht so groß – wie Neurobiologen bestätigen: Sie kommen zu dem Schluss, dass letztlich alle Entschlüsse Gefühlsentscheidungen seien. Der Verstand arbeite lediglich als Berater, der Vorschläge macht. Die Chefrolle – und damit einhergehend auch das letzte Wort – habe allerdings das limbische System im Gehirn. Bei stark rational orientierten Eltern liefere der Verstand einfach mehr und hartnäckiger Offerten.

ÜBUNG

## GEMEINSAMES ENTDECKEN

●

Blinde Kuh einmal ganz anders, für die Sinne und die Intuition, für dich und dein Kind: Führt euch mit verbundenen Augen und versucht dabei mit anderen Sinnen wahrzunehmen. Füttert euch mit verbundenen Augen und ahnt vorab, was es zu essen gibt. Ertastet Gegenstände und spürt verschiedene Untergründe mit den Füßen. Schaut dabei, wie das Vertrauen ist: Wann ist es groß, wann zögerlich? Je mehr ihr euch aufeinander einlasst, umso mehr Freude wird es euch machen und umso tiefer wird eure intuitive Verbindung werden. Lad dein Kind ein, selbst Variationen dieser Übung zu entwickeln und an dir auszuprobieren. Du wirst sicher erleben, dass dein Kind großes Entdeckertalent besitzt, wenn du es nicht einschränkst.

## ALS GANZER MENSCH

Was lässt sich dir als Vater oder Mutter raten, wenn du Kopf und Herz (und Bauch) in der Erziehung auf beste Weise zusammenbringen willst? Hier ein paar Punkte, die mir besonders wichtig scheinen:

▸ Vermeide rigorose Erziehungsmethoden und ewiges Grübeln über zu treffende Entscheidungen. Lern, auf die Spontaneität zu vertrauen.

▸ Förder die Entwicklung deiner Intuition mit allem, was dir dieses Buch bietet. Bild zugleich deine Ratio weiter. So geht beides Hand in Hand.

▸ Unterscheide zwischen simplen Alltagssituationen und komplexeren Problemen. Während du im Alltag ruhigen Gewissens deiner Intuition folgen kannst, schadet es bei schwerwiegenderen Angelegenheiten sicherlich nicht, genauer nachzudenken und gegebenenfalls Informationen einzuholen und/oder Hilfe von Außenstehenden zu suchen.

▸ Wie auch immer die jeweilige Situation geartet ist – bring deinem Kind stets Respekt entgegen. Setz nötige Grenzen auf liebevolle Weise, achte aber auch die Grenzen deines Kindes.

### A UND O: GEBORGENHEIT

Für Kinder ist es ganz besonders wichtig, sich sicher und gut aufgehoben zu fühlen. Sie müssen immer wissen, ganz sicher wissen, dass ihre Eltern ihnen den erforderlichen Schutz bieten und ihnen den Rücken stärken. Ob im Straßenverkehr oder in anderen riskanten Situationen, ob in der Schule oder in bestimmten Krisenmomenten, Kinder müssen sich beschützt fühlen. Sie dürfen nicht das Empfinden haben, dass sie auf sich gestellt sind und sich um sich selbst kümmern müssen, weil sonst niemand da ist. Die folgende Übung hilft dir dabei, deine Sensibilität dafür zu schärfen, um in euerm Familienleben entsprechend agieren zu können.

ÜBUNG

# SCHUTZ UND SICHERHEIT

•

Diese Übung machst du allein, dein Kind ist nur in deiner Vorstellung bei dir. Wähl einen ruhigen Ort und tauch wie schon gewohnt in deinen intuitiven Zustand ein.

▸ Beobachte nun die inneren Antennen, die dich mit deinem Kind verbinden. Mit jedem Atemzug gehst du dabei tiefer in die Entspannung und in dein inneres intuitives Wissen hinein. Leg deine Hände dabei vielleicht auf deinen Bauch und atme tief dort hinein. Spür, wie sich deine Hände mit dem Atem heben und senken.

▸ Nun rufst du gedanklich dein Kind zu dir, du fühlst innerlich die Gegenwart deines Sohnes oder deiner Tochter. Versetz dich in einen Zustand, in dem du dein Kind anschauen und es bedingungslos annehmen kannst, ganz so, wie es ist. Du sitzt einfach nur da, ohne etwas von ihm zu wollen

oder zu fordern. Siehst du, wie das Kind immer mehr Vertrauen fasst?

▸ Betrachte nun dein Kind genauer. Fühl es. Nutz all deine Sinne und nimm es auf all seinen Ebenen wahr. Lass dich berühren. Lass dich ganz erfüllen von dem Zauber eurer Verbindung. Spür die unbändige Liebe in dir. Du fühlst sie immer tiefer und intensiver, bis sie dich wie farbige Lichtpartikel ganz und gar ausfüllt.

▸ Nach einer Weile fragst du dein Kind innerlich, wie es sich fühlt, was es vermisst und was es sich wünscht. Sei voll wachsamer Achtsamkeit. Fühl seine Sehnsucht, geliebt zu sein, sein Bedürfnis nach Sicherheit, seinen Wunsch, so wie es ist, gut genug zu sein. Fühl auch die Freude, die es über und über spürt, wenn es Wertschätzung erfährt. Und fühl, wie gern es mit dir zusammen ist.

# ÜBERSINNLICHES UND TELEPATHIE

Viele Menschen haben schon einmal Wahrnehmungen oder Eindrücke erfahren, die sich noch weniger mit dem üblichen naturwissenschaftlichen Weltbild vereinbaren lassen als die Intuition: Empfindungen, die weit darüber hinausgingen und eher Hellfühlen oder Telepathie genannt werden müssen.

Was ist darunter zu verstehen und wie lassen sich diese Phänomene erklären? Man sollte sich dem Thema differenziert annähern: Möglicherweise sind die Hintergründe weniger spektakulär als oft angenommen. Oder aber es eröffnen sich uns dadurch neue Einsichten – wenn wir bereit sind, das zunächst Unerklärliche zu akzeptieren und es in unseren Erfahrungshorizont aufzunehmen. Zum Abschluss unserer Erforschung der Intuition also ein Ausflug ins noch stärker »Übersinnliche«.

## *EMPATHIE ALS GRUNDLAGE*

Eine letztlich übersinnliche Erfahrung, die du vielleicht schon einmal selbst gemacht hast, nennt sich empathisches Empfinden: Darunter versteht man das Phänomen, dass man die Gefühle anderer spürt oder sogar wie die eigenen wahrnimmt. Hochsensible Menschen sind sehr stark empathisch und haben dadurch manchmal das Problem, dass sie sich nicht ausreichend gegenüber fremden Gefühlen abgrenzen können: Sie leiden mit, wenn es jemandem schlecht geht, und werden dadurch selbst aus dem Gleichgewicht gebracht.

### Wie ein Lauffeuer

Die Fähigkeit der Empathie ist jedoch ein echtes Geschenk und zählt mit zu den Grundlagen unseres sozialen Zusammenlebens. Wahrscheinlich ist Empathie bereits biologisch in uns angelegt, weil es in sozialen Systemen sinnvoll ist, wenn sich die einzelnen Mitglieder auf sehr unmittelbare Weise verständigen können. Man stelle sich eine Horde Urmenschen vor: Entdeckt einer von ihnen ein Raubtier, dann kann es überlebensnotwendig sein, dass er die anderen mit seiner Panikreaktion buchstäblich ansteckt – am besten über eine Entfernung hinweg.

## Telepathische Fähigkeiten

Empathische Empfindungen beruhen darauf, dass wir uns in einem unmittelbaren Kontakt mit dem anderen Menschen befinden. Manchmal funktioniert das Ganze aber auch über weite Distanzen: Man nennt das Phänomen dann Telepathie. Menschen, die miteinander sehr vertraut sind, behaupten oft, dass sie es auch über die Ferne spüren, wenn sich der andere in Not befindet oder irgendetwas Besonderes vorgefallen ist. Hast du schon einmal im Moment des Handyklingelns »gewusst«, wer anruft? Wenn ja, dann besitzt vielleicht auch du in bestimmten Situationen telepathische Fähigkeiten.

Ein Phänomen, das auch zwischen Fremden auftritt, ist das Spüren von Blicken, die man eigentlich nicht sehen kann. Der Biologe Rupert Sheldrake konnte diese recht häufige Erfahrung sogar im Rahmen eines wissenschaftlichen Experiments reproduzieren.

## Hellsinne

Darüber hinaus werden übersinnliche Erfahrungen berichtet, die nicht unmittelbar mit anderen Menschen zu tun haben. Dabei geht es im Kern auch um Sinneswahrnehmungen, die räumliche und manchmal auch zeitliche Distanzen überschreiten, das heißt, man sieht, hört, schmeckt oder riecht etwas, das sich nicht in unmittelbarer Nähe befindet. Diese Fähigkeiten bezeichnet man daher auch als Hellsinne oder Übersinne. Auch hier gilt: In Ansätzen ist das Phänomen jedem von uns vertraut.

ÜBUNG

## KINDERSPIELE

●

Eine spannende Erfahrung kann wieder ein Blinde-Kuh-Spiel mit einem Freund sein. Lass dich führen, wie beim Tanzen. Spielt auch hier mit den Möglichkeiten: Führen mit und ohne Worte, mit und ohne Berührung. Vielen Menschen fällt es schwer, die Kontrolle abzugeben und vertrauensvoll in einem normalen Tempo weiterzugehen. Wie steht es damit bei dir?

# EINE ENORM STARKE VERBUNDENHEIT

▲

*Kurt, 42, war bei der Arbeit im Büro. Plötzlich spürte er das äußerst dringende Gefühl, seine Mutter anrufen zu müssen, was er sonst vom Büro aus nie tat. Er versuchte mehrfach, sie zu erreichen. Vergeblich! Seine körperliche Unruhe wuchs enorm, er spürte, wie sein Herz zu rasen begann und wie ihm die Haare buchstäblich zu Berge standen. Es war ihm vollkommen klar, dass er etwas unternehmen musste. Er rief eine Nachbarin an, die zwei Häuser neben seiner Mutter wohnte, und bat sie dringend, nach ihr zu schauen. Die Nachbarin versprach es, sagte aber, dass sie es erst in einer halben Stunde schaffen könne. Also rief Kurt bei seiner Schwester an, die im Nachbardorf wohnte. Sie hatte jedoch ihr Auto in der Werkstatt und konnte nicht fahren. Allerdings war sie mit einem Polizisten verheiratet und versprach, ihn umgehend anzurufen. Sie spürte die Dringlichkeit in der Stimme des Bruders. Kurt war niemals ein Mensch gewesen, der übertriebene emotionale Reaktionen zeigte. So fuhr der Schwager etwa eine halbe Stunde, nachdem Kurt diese Ahnungen und körperlichen Reaktionen bekommen hatte, beim Haus der Mutter vor. Die Tür stand offen. Die Frau war ermordet worden.*

*Kurt hatte intuitiv wahrgenommen, dass etwas geschah, und alles versucht, um seiner Mutter zu helfen. Es war ihm leider nicht gelungen. Das zusätzlich Tragische an dieser Geschichte ist, dass Kurt aufgrund der Telefonate, die er mit der Nachbarin und der Schwester geführt hatte, selbst in den Verdacht geriet, etwas mit dem Mord zu tun zu haben. Denn bei der gerichtlichen Untersuchung stellte sich heraus, dass diese Telefonate stattgefunden hatten, während die Mutter noch lebte. Aber es war lediglich seine starke Intuition gewesen.*

## Subjektiv oder objektiv?

Übersinnliche Erfahrungen können subjektiv oder objektiv gemacht werden. Objektiv bedeutet, dass eine Person reale Sinneseindrücke hat, als ob sich die Dinge in unmittelbarer Nähe befinden würden. Sie sieht, hört oder schmeckt tatsächlich etwas. Subjektiv dagegen heißt, dass jemand nur den Informationsgehalt geistig wahrnimmt, ohne tatsächlich mit den körperlichen Sinnen etwas zu spüren.

Ebenso wie Empathie beruhen die Hellsinne auf Empfänglichkeit gegenüber dem, was in der Welt passiert. Man spricht in diesem Fall von Sensitivität. Hellsehen bedeutet übrigens nicht, in die Zukunft zu sehen: Ob das tatsächlich funktionieren kann, ist sehr fraglich. Man müsste in dem Fall nämlich davon ausgehen, dass die Zukunft bereits feststeht und durch unsere Handlungen nicht beeinflusst werden kann.

## TELEPATHIE LERNEN

Wer dem Thema gegenüber aufgeschlossen ist, fragt sich vielleicht, ob man telepathische und übersinnliche Fähigkeiten auch trainieren kann. Auch das ist nicht so spektakulär, wie es zu-

ÜBUNG

# SHERLOCK HOLMES

•

Wie viele Krimis hast du in deinem Leben schon gesehen? Du kennst sicher vielfältigste Szenarien. Versuch beim nächsten spannenden Film frühzeitig, deine Wahrnehmung dafür zu öffnen, welche Handlungsabläufe gleich folgen werden. Erspür die Motivation der Handelnden. Sammle Hinweise und Anspielungen auf den Ausgang der Geschichte. Mit dieser Übung schärfst du deine Wahrnehmungsfähigkeit für winzige Details.

nächst klingt. Erzwingen lassen sich diese Erfahrungen nämlich ohnehin nicht, es geht eher darum, die schon vorhandenen Empfindungen richtig zu deuten und bewusst zu machen.

Du solltest dabei auch bedenken, dass sich durchaus auch Fantasien, Wünsche oder Befürchtungen als »übersinnliche Erfahrungen« tarnen können. Man muss sich zunächst also gut selbst beobachten und auch selbst kennenlernen, um zu wissen, welche Botschaften in Wirklichkeit von der eigenen Psyche ausgehen. Manchen Menschen helfen meditative Techniken, um sich über das Gedanken-Wirrwarr im eigenen Kopf etwas klarer zu werden. Das kann auch das bereits gelernte Eintauchen in die Intuition sein – während du dich gut spürst und in dir verankert bleibst.

## Schritte zum Übersinnlichen

Jenseits der physischen Welt gibt es ein ganzes Universum zu entdecken: das Metaphysische, das, was jenseits des Greifbaren und Begreifbaren liegt. Da ist noch viel mehr, wie wir alle aus dem Erleben in Träumen kennen. Wir wissen nicht, dass wir schlafen, und erleben die Realität einer anderen Welt. Diese können wir näher erkunden. Du kannst mit einer sehr einfachen Übung

# MANCHMAL IST VORSICHT GEBOTEN

Es sollte erwähnt werden, dass auch bei Psychosen Symptome auftreten, die übersinnlichen Wahrnehmungen nicht unähnlich sind. Besonders das rein subjektive Hören von Stimmen kann ein Hinweis sein. Leider ist es nicht immer leicht zu unterscheiden, was noch »gesund« und was schon »krankhaft« ist.

Der wichtigste Unterschied ist vielleicht der: Ein psychotischer Mensch hält seine Erfahrungen für unmittelbar real, er wird von ihnen überwältigt und verliert seine innere Freiheit. Wer übersinnliche Empfindungen hat, kann dagegen selbst entscheiden, was er damit anfangen will. Er behält die Freiheit.

erfahren, was die Welt jenseits deines Körpers ausmacht. Es ist ein Experiment, zu dem ich dich einlade, auch und gerade wenn du es nicht so mit metaphysischem Erleben hast. Du kannst nichts verlieren, aber du kannst um eine großartige Erfahrung reicher werden. Lust, es auszuprobieren?

ÜBUNG

## JEANNIE IN THE BOTTLE

Du bist nicht dein Körper. Das klingt zunächst einfach nur sehr spirituell. Aber mit dieser Übung kannst du es wirklich erfahren und mit deinem eigenen Erleben beobachten.

▸ Setz dich aufrecht hin und schließ die Augen. Lass nun eine ungewohnte Vorstellung zu: Stell dir vor, dein Körper wäre eine Flasche. Stell dir weiterhin vor, dass du, deine Seele, dein Selbst, wie der Flaschengeist Aladins nicht in der Wunderlampe, sondern in dieser Flasche lebt. Begib dich ganz hinein in dieses Bild.

▸ Stell dir nun vor, dass du eine Öffnung ganz oben am Kopf wahrnimmst. Die Flasche ist dort offen. Und stell dir weiterhin vor, dass du aus deiner Flaschenhöhle herauswächst, dass du herauskommst, so wie der Dschin aus Aladins Wunderlampe. Oder wie der Flaschengeist der »bezaubernden Jeannie«, Hauptfigur einer meiner Lieblingsserien als Kind. Schau einfach kurzfristig aus deinem Körper hinaus und versuch herauszufinden, wie du dich dabei empfindest.

▸ Und nun geh wieder zurück in deinen Körper, geh wieder zurück in die Herberge deines Geistes, deiner Seele und richte dich darin wohlig ein. Was hat sich zwischenzeitlich verändert? Wie nimmst du dich selbst jetzt wahr? Hat sich da etwas verändert?

# WANN WAREN DEINE HELLSINNE BEREITS AKTIV?

●

Wie die meisten Menschen, die sich dem Thema Intuition öffnen, hast du sicher bereits viele Erfahrungen damit sammeln können. Und eben auch mit der »erweiterten« Form der Intuition: den geradezu hellseherischen Eingebungen und Wahrnehmungen. Sich klar daran zu erinnern macht dir diese Gaben stärker bewusst.

▸ Nimm dir einen Moment Zeit, setz dich in Ruhe hin, schließ die Augen und atme ein paarmal tief durch. Tauch ein in den Zustand der intuitiven Empfänglichkeit.

▸ Wende dich nun direkt an deine Intuition und bitte sie, dir Erinnerungen aufzuzeigen an Momente, in denen du schon einmal übersinnlich etwas wahrgenommen hast oder telepathisch Informationen empfangen oder ausgesendet hast. Was gab es da alles schon in deinem Leben? Welche Erinnerungen oder Ahnungen von Gewesenem steigen hierzu in dir auf?

▸ Lausch einfach nach, was sich dir über Worte, Bilder oder Empfindungen zeigen will. Und mach dir abschließend Notizen in deinem Tagebuch.

Die Welt um dich her wird dir immer reicher und vielfältiger erscheinen. Denn tatsächlich ist sie ja auch viel umfassender und facettenreicher, als wir es für gewöhnlich wahrnehmen. Erst recht, wenn wir in unseren Gedankenwelten feststecken. Beziehst du nicht nur fünf, sondern gleich alle sieben Sinne in dein Leben ein, werden Wunder möglich – die ja nichts anderes sind als Ereignisse, die der Verstand nicht für möglich hielt, die aber dennoch passieren. Sie geschehen auf anderen Ebenen des Seins als der für uns Normalen.

## WARUM ES TROTZ ALLEM MANCHMAL SCHWER IST

Nun, gegen Ende des Buches, möchte ich dich noch einmal ermutigen, unbeirrt deinen Weg zu gehen und dir selbst immer mehr zu vertrauen. Viele Menschen, die sehr ähnlich wie ich aufgewachsen sind, haben eine tiefe Abneigung gegenüber allem, was nicht wissenschaftlich, logisch, analytisch, intellektuell zu begreifen ist. Wenn ihnen dann in ihrem Leben etwas völlig Außergewöhnliches geschieht und sie eine Erfahrung machen, die nicht in den gewohnten logischen Kontext passt, sind sie zuerst einmal ordentlich ratlos. Sie finden keine Erklärung, mit der sie in Frieden leben können.

In meinem Elternhaus zählten Leistung, Fakten, Funktionieren und bürgerliche Werte. Über Gefühle oder Wahrnehmungen haben wir nie gesprochen. Ein sensibles Gespür für die Umgebung oder das Befinden anderer Menschen? All das war unwichtig. Die ersten dreißig Jahre meines Lebens waren daher sehr gefühlsfern, geradezu unsensibel und weit, weit weg von intuitivem Erleben.

### Steh zu all dem, was dich ausmacht

Ich selbst habe lange Jahre alles abgelehnt, was ich rational nicht erklären konnte. All das war Pfui! In mir war ein extremer Zwiespalt zwischen dem, was ich erlebte, und dem, was ich davon akzeptieren konnte. Ich bildete mir etwas auf meinen Verstand ein. Und mit ihm war nicht zu erklären, wenn ich fühlte, was andere Menschen fühlten, oder Teile ihres Lebens riechen, hören und sehen konnte. Ich habe diese Wahrnehmungen erst einmal schlicht und einfach abgebucht unter: professionelle Fähigkeiten als Coach und Therapeutin. Es gibt einen Zwiespalt, der entsteht, wenn du, so ähnlich wie ich es war, logisch-wissenschaftlich fixiert bist.

»Man muss den Schlüssel finden, der alle Himmelstore, alle Gärten der Verzückung öffnet. Und dieser Schlüssel ist die Intuition.«

KRISHNAMURTI

121

Wenn du dann etwas wahrnimmst, was sich eben leider nicht mit Logik erklären lässt, führt das oftmals zu einem Gefühl der inneren Zerrissenheit. Aber es lohnt sich, dir treu zu bleiben und deine Intuition zu schulen! Du kannst so zu dem Menschen werden, als der du gemeint bist, und weit mehr erleben, als dein Verstand es jemals annehmen könnte. Die folgende Übung hilft dir, einen weiteren Schritt in Richtung Veredelung deiner Intuition zu machen. Lass dich nicht beirren auf dem Weg zu deiner inneren Weisheit.

ÜBUNG

## DAS INTUITIVE FAX

●

▸ Stell dir vor, irgendjemand sendet jetzt für dich eine Information aus, sozusagen ein intuitives Fax. Du selbst bist das Empfangsgerät. Du musst keine Gebrauchsanweisung dafür kennen und nicht erst ein How-to-do-Filmchen anschauen. Denk nicht darüber nach, wie das Ganze funktionieren soll. Nutz nicht deinen Verstand. Er kommt hier an seine Grenzen. Stell dich einfach auf Empfang ein.

▸ Jetzt beginnt deine Intuition wach zu werden, du nimmst auf einmal sehr viel mehr wahr als zuvor. Wenn du merkst, dass dein Verstand gegen diese Übung ist, gib ihm Zeit, Verständnis und Aufmerksamkeit. Dann sagst du ihm jedoch, dass er jetzt Pause hat. Vielleicht kannst du erkennen, dass er sonst immer irgendwie zwischen dir und deiner Intuition steht.

▸ Vielleicht merkst du, dass du nun tatsächlich eine Information empfängst. Vielleicht ein Wort, ein Geräusch, ein Bild, ein Gefühl oder eine andere sinnliche Wahrnehmung. Möglicherweise hat wirklich grad jemand an dich gedacht und dich »angefaxt«.

# DIE KRAFT DER DANKBARKEIT

Sicher weißt du, wie gut es sich anfühlt, wenn du voller Dankbarkeit bist. Dein Herz ist weit geöffnet und eine – vielleicht ganz leise – Freude hat sich in dir Raum genommen. Ein zartes, schönes Kribbeln erfüllt dich.

Dankbarkeit ist eine enorm starke Empfindung. Unser Körper fühlt sich damit ebenso wohl wie unser Geist und unsere Gefühlswelt. Wenn wir dankbar sind, verlagern wir unseren Fokus auf das Positive. Unser Unterbewusstsein merkt, dass wir dankbar sind, und beginnt, sich umzuschauen, wofür denn eigentlich genau. Es sucht Bestätigungen für unser Gefühl und findet sie ganz sicher auch. Denn wenn du mal genauer hinsiehst: Es gibt immer so einiges, wofür sich dankbar sein lässt. Wenn du immer mehr davon entdeckst, wächst wiederum das schöne Gefühl der Dankbarkeit in deinem Herzen.

Nutz diesen Effekt auch in Bezug auf deine Intuition. Denn ein Grund zur Dankbarkeit ist sie allemal. Mit all den Erfahrungen, die du auf dem Weg der Veredlung deiner intuitiven Fähigkeiten machst, fällt dir so viel Erhellendes zu. So viele Entscheidungen werden dir leichter fallen. Jede Menge Ungewissheiten lösen sich in Luft auf. Und so viel mehr Nähe zu anderen interessanten Menschen kann entstehen. Herrlich!

# NUN IST ES AN DIR

Veredle deine Intuition. Du hast jetzt ganz sicher erkannt, dass du sehr viel mehr aus deiner Intuition machen kannst, als du bisher geglaubt hast. Du hast dir viele Möglichkeiten erlesen, wie du das tun kannst. Es nützt allerdings gar nichts, wenn du es beim Lesen belässt und dabei ein paarmal zustimmend mit dem Kopf nickst.

Kannst du schwimmen oder Fahrrad fahren oder beherrschst du eine Fremdsprache? Wie hast du all das gelernt? Ganz sicher nicht, indem du ein Buch darüber gelesen hast. Auch nicht durch Videos oder durch Gespräche mit Menschen, die all das können.

Nehmen wir das Schwimmen. Du willst es lernen. Vielleicht hast du deswegen bereits einiges darüber gelesen und ein Video-Lernprogramm angeschaut oder sogar einen Schwimmtrainer konsultiert. Irgendwann wird dann aber kein Weg daran vorbeiführen, dass du dich ins Wasser begibst. Als kluger Mensch springst du nun aber nicht gleich vom Dreimeterbrett ins tiefe Becken. Nein, du hast Schwimmhilfen bei dir und versuchst, dich dem Metier anzunähern, indem du dich im flachen Wasser eingewöhnst und von dort aus mehr und mehr Mut entwickelst. Nach und nach wirst du das Element Wasser erkunden und dich mehr und mehr damit anfreunden.

Mit der Intuition ist es genauso. Du beginnst ganz langsam, sie kennenzulernen. Sie hat dabei sogar den Vorteil, dass du dich an Erfahrungen mit ihr erinnern kannst, die du schon gemacht, aber vielleicht vergessen hattest. Du wirst mit der wachsenden Souveränität erleben, wie es ist, wenn du ihr immer mehr vertraust. Du wirst nach und nach zu einem Könner und schließlich zu einem Experten der Intuition.

Ich lade dich herzlich dazu ein, diesen Entdeckungsweg zu gehen und die Meisterschaft über deine Intuition zu erlangen. Wenn du deine zartfeine Intuition lebst, wirst du eine Bereicherung deines Lebens erfahren und deine Umgebung wird ebenso davon profitieren. Hab viel Freude bei dieser wundervollen Entdeckungsreise!

# BÜCHER UND ADRESSEN

## BÜCHER AUS DEM GRÄFE UND UNZER VERLAG

Anne Heintze: *Ich spüre was, was du nicht spürst*

Paola Molinari: *Lebe statt zu funktionieren*

## BÜCHER AUS ANDEREN VERLAGEN

Anne Heintze: *Außergewöhnlich normal.* Ariston

Anne Heintze: *Seelenpartner.* Integral

Ulrich Bässler: *Irrtum und Erkenntnis.* Springer

Joachim Bauer: *Warum ich fühle, was du fühlst.* Heyne

Hans-Peter Beck-Bornholdt, Hans-Hermann Dubben: *Der Hund, der Eier legt.* Rowohlt

Antonio Damasio: *Descates' Irrtum.* dtv

Federico di Trocchio: *Newtons Koffer.* Campus

Betty Edwards: *Der Künstler in dir.* Rowohlt

Gerd Gigerenzer: *Bauchentscheidungen.* Bertelsmann

Philip Goldberg: *Die Kraft der Intuition.* Scherz

Irving John Good: *Phantasie in der Wissenschaft.* Econ

Daniel Kahnemann: *Schnelles Denken, langsames Denken.* Siedler

Bas Kast: *Wie der Bauch dem Kopf beim Denken hilft.* Fischer

Giacomo Rizzolatti: *Empathie und Spiegelneurone.* Suhrkamp

Klaus Thiele-Dohrmann: *Intuition.* Kabel

Gerd Traufetter: *Intuition.* Rowohlt

## KONTAKT ZUR AUTORIN

**www.open-mind-akademie.de**
**www.anneheintze.de**

OpenMind Akademie, Coaching und Beratung für hochsensible, hochsensitive und hochbegabte Menschen in privaten und beruflichen Lebensfragen.

# ÜBUNGSREGISTER

# Mehr Energie, mehr Wohlbefinden!

ISBN 978-3-8338-4132-3

ISBN 978-3-8338-4321-1

ISBN 978-3-8338-4814-8

ISBN 978-3-8338-4835-5

ISBN 978-3-8338-4622-9

 Auch als eBook erhältlich.

Mehr von GU auf **www.gu.de** und
**facebook.com/gu.verlag**

G|U

Willkommen im Leben.